MARIUS-ARY LEBLOND

LA FRANCE DEVANT L'EUROPE

LE PATRIOTISME, L'ALSACE-LORRAINE ET LE PACIFISME. — LA FRANCE EST-ELLE EN DÉCADENCE ? — LA MORALE ET LA SENTIMENTALITÉ FRANÇAISE. — LA FEMME ET LA NATION. — L'EXPANSION NATIONALE : PAYS DE GAULE, PAYS LATINS, PAYS SLAVES, PAYS DU NORD. — LE PROBLÈME NATIONAL DANS LES LETTRES : NATIONALISME ET EXOTISME.

PARIS

BIBLIOTHÈQUE-CHARPENTIÈR

EUGÈNE FASQUELLE, ÉDITEUR

11, RUE DE GRENELLE, 11

1913

LA FRANCE
DEVANT L'EUROPE

MARIUS-ARY LEBLOND

LA FRANCE
DEVANT L'EUROPE

LE PATRIOTISME, L'ALSACE-LORRAINE ET LE PACIFISME. — LA FRANCE EST-ELLE EN DÉCADENCE ? — LA MORALE ET LA SENTIMENTALITÉ FRANÇAISE. — LA FEMME ET LA NATION. — L'EXPANSION NATIONALE : PAYS DE GAULE, PAYS LATINS, PAYS SLAVES, PAYS DU NORD. — LE PROBLÈME NATIONAL DANS LES LETTRES : NATIONALISME ET EXOTISME.

PARIS

BIBLIOTHÈQUE-CHARPENTIER

EUGÈNE FASQUELLE, ÉDITEUR

11, RUE DE GRENELLE, 11

1913

A GABRIEL GUIST'HAU

Cher Monsieur Guist'hau,

Voulez-vous avec votre charmante bienveillance agréer
la dédicace de ce livre. Elle ne présente pas seulement
l'hommage de compatriotes reconnaissants de tout ce
que vous avez fait pour l'île natale : comment ne
pas se rappeler avec quelle force simple, quelle grâce
de logique, votre civisme, dans les hautes fonctions que
vous avez l'une après l'autre assumées, s'est épanoui et
toujours exprimé en un patriotisme tout dru et har-
monisé d'humanisme ? Que cela s'accomplisse aussi
heureusement chez un ministre né dans une des plus
lointaines colonies de la France devrait retenir l'attention de l'Europe, trop exclusivement portée à ne les
croire capables de projeter qu'une armée noire quane
elles ont donné déjà à leur métropole quelques-uns de
ses plus hauts poètes, les plus braves troupes intellectuelles, des idées larges, un dévouement sans mesures.
L'Europe peut distinguer là quelles réserves de sentiments incorruptibles la France recrute dans ses provinces d'outremer, quel amour altier et pur s'y entretient pour cette France.

a.

D'elle, ses fils, les créoles, ne voient, dès l'enfance, que les grands capitaines puis les grands écrivains qu'ils se trouvent naturellement amenés à regarder en grands capitaines du plus bel idéal qui se puisse formuler en trois mots : ils ne voient qu'une épopée éblouissante aux ombres tragiques mais grandioses. Ils savent l'impression qu'elle imposa aux étrangers : *furie*, s'écriaient les Italiens de la Renaissance fascinés ; *splendid*, s'exclama l'Anglais à Waterloo ! et ces souvenirs se synthétisent en la représentation d'une splendide furie. de vouloir donner au monde la liberté.

La France pour l'Europe.

L'Europe pour le monde.

Car ils aiment aussi l'Europe avec une admiration qui devrait un peu l'éclairer sur ses destinées. Si vivement blessés restent-ils des injustices de quelques puissances, ils élèvent leur pensée à exalter, par dessus même les splendeurs de la nature, le génie de cette race blanche qui exhausse sur l'univers la lumière d'un si poétique idéal.

M.-A. L.

INTRODUCTION

Ce livre est écrit une quarantaine d'années après
1870. Il n'est pas la « confession » d'un enfant du
Siège, blessé, humilié, amoindri, par un trop noir
pessimisme épuisé jusqu'à l'amollissement. Il est
— disons-le sans peur des contempteurs du sentiment — il est une exaltation, un élan ! Ma génération a toujours vu la France victorieuse sur la vaste
terre ; elle a cédé à Fachoda parce qu'elle ne pouvait vraiment déchaîner une guerre mondiale pour
l'accaparement de territoires qui relevaient quelques
années auparavant de l'Egypte, et cela fut pour
voir aussitôt après Edouard VII proclamer très haut
le prix de son amitié ; elle n'a pas cédé à Algésiras.
Je sais que, si je le voulais, je pourrais, Français,
faire en Europe figure de vainqueur : depuis 1870
la République a conquis la Tunisie, le Maroc, le
Sahara et l'immense Soudan, la Guinée, la Côte
d'Ivoire et le Dahomey, le Tchad, l'Oubanghi et le
Congo, la côte des Somalis, Madagascar, le Tonkin,

l'Annam et le Laos, des îles océaniennes. Son alliance a été recherchée par les nations les plus impériales ; l'Allemagne même donnerait beaucoup plus qu'on ne le croit pour une entente si elle la croyait possible. Si la France se laissait aller à « hurler avec les loups », elle obtiendrait peu à peu tout ce qu'elle convoiterait. Je ne me sens donc un vaincu que par un acte de réflexion et de volonté humanitaire, parce que fils des preux nous restons nobles, parce que rien de ce qui est souffrance humaine ne m'est étranger, parce que j'éprouve le besoin de me solidariser avec les autres vaincus de l'Europe pour porter avec eux leur croix, et pour m'entraîner à leur venir en aide.

Il est un signe de vigueur que sans cesse nous entendons parler autour de nous de Renaissance. Eh certes, oui ! nous vivons en un temps de Renaissance parce que nous sentons tout ce qui se recèle d'énergie et de gloire dans le Printemps. Nous n'avons point crainte de nous abandonner aux tendresses de notre sensibilité, à nos bontés ; nous n'avons plus peur de la Force brutale ; nous pouvons recommencer à secourir les opprimés sans risquer d'être démembrés nous-mêmes : nous voulons recouvrer notre puissance sans recourir à l'égoïsme, sans renoncer à notre altruisme. Ce n'est

point que, se voyant robuste après une longue période
de recueillement nécessaire, la France ignore ses
faiblesses ; mais elle les retrouve dans les autres
Etats Européens. Sollicitée de diverses parts, cé-
dera-t-elle vers la guerre ou résistera-t-elle obsti-
nément afin de poursuivre un progrès social ? Quoi
qu'il en soit, sentant sa vaillance, elle entend également se tenir à distance du nationalisme et de
l'anarchie. Traditionaliste jusque chez les républicains d'extrême-gauche, elle a la sérieuse conscience
de la mission que lui assigne son passé grandiose :
si elle ne sacrifie pas ses devoirs envers soi, dans
l'intérêt même de l'Europe, elle veut, de plus en
plus, affirmer sa fraternité à ceux qui souffrent. En
respectant ses engagements, ses alliances politiques,
elle saura faire honneur à ses alliances intellectuelles et morales. Pour elle, le premier devoir d'une
puissance est d'être une puissance morale !

A tant de si hautes obligations nous pourrons arriver à faire face avec un peu de cette patience qui
fut toujours le meilleur génie de notre race. Notre
furie d'héroïsme, nous tâchons de la discipliner dans
notre sagesse et notre gentillesse. Nous sommes
prudents parce que nous prévoyons que dans l'intérêt de l'Europe il nous faut ne pas risquer nos
forces prématurément, parce que nous nous devons

à l'Europe, que nous avons une mission, que nous sommes le berceau nécessaire des futurs États-Unis. Nous reprenons en positivistes quelque peu assagis par l'expérience les utopies de 1848.

1848 est grand et beau comme une Révolution qui n'a décapité de Chénier ni de Danton. Voilà pourquoi je l'évoque — sans avoir peur de paraître dater — au début de ce livre écrit avec amour, avec un exubérant amour de l'humanité. La première Révolution est l'essor de la liberté ; à la seconde République, c'est la fraternité qui s'échauffe : or, nous désirons plus la fraternité que nous ne croyons en la liberté. Enfin 1848, beaucoup plus que 1789, est l'époque où, par toute l'Europe, les nationalités s'éveillent à la palpitante conscience, frissonnent, frémissent. C'est l'idéal de 1848, bien plus encore que de 1789, que nous devons travailler à réaliser sous la Troisième République.

Il y faut moins de frénésie qu'il ne s'en agita en 1793, un plus constant enthousiasme. Ah ! l'enthousiasme ! inspiration où il entre à la fois la fureur du beau, du bon et du juste et la sagesse : fureur qui provoque sa discipline ; délire qui exalte l'harmonie contenue dans la beauté, la bonté et la justice ; feu dévorant dont s'entretient le sacrifice — le sacrifice joyeux qu'exige des individus l'avenir de la collectivité. C'est la qualité la plus divine de l'homme, la plus féconde donc pour une démocratie puisqu'elle se propose, comme l'enseignait Renan, de créer Dieu en la société toujours se perfectionnant. Les vices inévitables de pareil régime étant l'obsession de la tyrannie, l'envie et la critique dissolvante, en nul temps il n'est plus opportun de déclarer la nécessité de l'enthousiasme. Enveloppons-nous de notre idéal pour nous sentir invulnérables et travailler avec plus de puissance à l'amélioration de l'Europe. En écrivant ces lignes avec confiance et ce qu'elle implique toujours de courage, je sens que je réponds à la nouvelle génération qui est hardie et avec allégresse s'offre à la patrie.

Comme on n'imaginait pas autrefois que le sentiment de la nature pût pénétrer tous les actes de notre intelligence où il rayonne aujourd'hui, beaucoup se déclarent surpris de voir considérer du point de vue du patriotisme — des cimes du patriotisme — toutes les choses de la vie et celles de l'art. Il est cependant la forme, tout à la fois la plus naturelle et sacramentelle en ce temps, de la sensibilité et de la solidarité. Il fait l'harmonie et l'unité de ce livre qui ne fut point écrit d'un seul jet et se présente simplement comme le recueil des études conçues dans une même direction, selon un plan commandé par l'ordre des plus intenses préoccupations qui s'imposent. Je me suis efforcé d'y assurer la variété plutôt qu'un enchaînement rigide : ce n'est point un code de dogmes mais une confession de croyances en attente d'une communion internationale. Il est un examen de conscience de ma génération à l'occasion des principaux événements récents. Il est une chronique des enthousiasmes de ces dernières années.

Il faut s'en expliquer — et, s'il y a lieu, excuser — par là la vivacité du ton : souvent je réponds à des calomnies. Le Français n'aime guère à « vanter » sa nation ; mais imaginez qu'au cours de voyages d'amitié en Europe il entende constamment répéter comme paroles d'évangile les plus sots propos contre son pays, contre son idéal, contre la philosophie de ceux-là mêmes qui, chez lui, se déclarent avant tout européens : comment ne pas s'échauffer ? Cette ardeur à se défendre est de qui ne saurait rester indifférent à la méconnaissance des élites des autres nations parce qu'il les aime.

LA FRANCE
DEVANT L'EUROPE

PREMIÈRE PARTIE

LE DEVOIR PRÉSENT

CHAPITRE PREMIER

DU PATRIOTISME

Jamais le patriotisme n'a été soumis à plus dure épreuve et cependant ne fut plus vivace. A vol d'oiseau, à vol d'idéal, embrassons le présent de l'Europe : nous saisirons quelles y sont la vigueur et la qualité de ce sentiment fondamental.

Aux temps très anciens, ceux qui migraient par l'Europe devaient détester les monts et les forêts, innombrables, inextricables, infestées de bêtes et de fauves humains, entre lesquelles les prairies leur apparaissaient comme de suaves étangs de

1

sécurité, aussi paisibles et plus gracieuses que les cieux. Aujourd'hui, notre rêve le plus tendre nous porte au contraire aux pures montagnes, aux grands bois, où notre méditation poétique trouve une solitude par quoi errer et voluptueusement s'enlacer sur soi-même ; à part quelques grasses vallées, où la fécondité sourit avec un charme toujours printanier, les plaines, soumises à des productions monotones, s'étalent, enlaidies par l'industrialisation de l'agriculture ; les villes monstrueuses y étendent et nouent leurs tentacules aux épuisantes ventouses, au point qu'en les Westphalies, en la Wallonie, en les bassins houillers de la France, au fil des rails les galeuses banlieues s'allongent sans fin, ne laissant que de mesquines oasis de verdure. Partout l'humanité asservie avilit la campagne rongée ; le travail y est une peine dure comme un exil ; et par surcroît, en nombre de contrées, les nationalités, déjà appauvries par les tâches sociales, dépérissent sous les rigueurs des empires qui les oppriment : là on renverse les monuments par quoi survivait la gloire du passé, les cités mutilées sont déshonorées encore par un vandalisme qui décapite toutes les tiges dont la civilisation fit fleurir la pierre. Eh bien ! tandis que la terre est abîmée et plus laide qu'en aucun temps, l'humanité, admirablement sentimentale, dans son besoin éperdu de religion cherchant à quoi se relier désespérément, s'attache d'amour, avec la conscience plus vive et lyrique qui pût jamais être, au sol nu : avec poésie, le Polonais adore, pour la terre même, la terre des Piast qui est la plus plate de l'Europe ; au plus grêle bouleau isolé dans la lande il enlace sa rêverie idéaliste ; tout de la plus mélancolique plaine lui est beauté morale parce qu'il sert à composer l'individualité nationale.

Qu'est-ce qu'une patrie ?

Une personnalité collective ; une œuvre de collaboration ; un idéal, un idéal d'action longuement conçu né un lieu, couvé, choyé parmi les épreuves, modelé infatigablement selon un rêve de beauté qui se modifie constamment vers la perfection pour s'imposer à l'admiration et à l'amour des autres nations, idéal particulier à une agglomération et, là, librement consenti par ceux qui sont conscients comme le mieux adapté aux facultés de tous ; un besoin d'excellence surhumaine mais précisé aux qualités artistes que déterminèrent le climat et la nature du terroir ; le sentiment d'une mission à remplir au bénéfice de l'humanité entière, mission appropriée à la capacité intellectuelle de la race. Sans mission spéciale, pas de personnalité, pas de patrie !

Cette personnalité collective est tout autant géographique que morale. Renan définit noblement la nation « une grande solidarité, constituée par le sentiment des sacrifices qu'on a faits et de ceux qu'on est disposé à faire encore. Elle suppose un passé ; elle se résume pourtant dans le présent par un fait tangible : le consentement, le désir *clairement* exprimé de continuer la vie commune. L'existence d'une nation est un plébiscite de tous les jours. » Voilà bien la déclaration doublement idéologiste d'un catholique qui naquit fils de la Révolution : quel rationalisme, exclusivement avide de netteté et de formule ! Nous éprouvons autre chose : le patriotisme est tout autant un sentiment qu'une raison, avec ce que le sentiment implique de riche, et impérieuse confusion d'instincts, de subconscience, de méditation non encore arrivée à l'élucidation de maximes et à la synthèse, de poésie naturiste, d'inquiétude de l'idéal d'autrui.

La définition de ce haut intellectuel se révèle de plus trop austère ; le patriotisme est aussi une volupté. Autant qu'il fait vibrer le cœur, l'amour de la patrie émeut nos yeux, nos oreilles, notre bouche, ainsi que lorsque, artistes, nous jouissons de la contemplation de la plus troublante beauté plastique et de l'audition des plus mélodieuses symphonies. Il est un art, très intense et palpitant.

La patrie ne tient pas dans la négation des conditions matérielles comme l'entend Renan dans la

suite de son essai *Qu'est-ce qu'une nation?* Il est
vrai, sans nul doute, qu'on ne peut être esclave des
frontières géographiques, de la race, des intérêts
domaniaux, mais on les subit strictement ; certes, il
ne faut pas dépendre d'une seule de ces conditions
— et c'est alors qu'on serait esclave, — mais de
toutes ensemble et dans leur harmonie ; la liberté
se forme de la souplesse et de la force de leurs relations. Si une patrie ne représentait qu'une puissance morale, quelle faiblesse, hélas! surtout dans
l'Europe contemporaine. Il nous faut un sol où établir, en toute sécurité de propriété, la substruction
de nos édifices idéologiques ; il nous faut des fleuves
aux courbes desquels assouplir notre inspiration et
porter notre production : il nous faut des montagnes
pour exalter notre méditation quotidienne et arrêter
les invasions. Sans la sinueuse Seine, la Loire, la
gasconne Garonne, le Rhône et le Rhin, il n'y a pas
de Gaule, il n'y a pas de France. Alpes et Pyrénées, vous-mêmes Ardennes, vous avez barré bien
des invasions, ce que ne purent faire, hélas, les
Carpathes pour notre sœur la Pologne, dont la
plaine s'étend trop largement ouverte : je vous révère pour votre altitude, mais au Massif central va
ma ferveur : c'est le foyer même de la personnalité géographique de la France. Là, en des
vallées de hauteur moyenne, les cinq climats dont
la diversité compose la richesse de notre tempéra-

ment, s'unissent harmonieusement, se fondent, sans brusque transition, aux flancs puissants mais sans dureté de ces cimes d'un bleu éthéré : quelle qualité suave dans les teintes de ces montagnes, quelle mesure de rythme dans ces lignes cependant dignes des plus grandioses altitudes et dont l'enchaînement est auguste, quelle finesse chez les paysans les plus madrés et, il faut bien le dire, les plus avares !

En vérité il est non point le cœur, — le cœur, comme dans le tronc humain, est plus près de la superficie : il est à Orléans, il est aussi avec la tête à Paris, à Lyon, à Toulouse, — mais, depuis Vercingétorix, le centre de la résistance, là où la Révolution avait la certitude de pouvoir résister en dernière lutte aux coalitions, là où la France eût pu tenir tête enfin à l'occupation et reprendre l'élan si elle eût écouté, au lieu du petit Thiers convoitant la présidence, Gambetta, Faidherbe et Chanzy. C'est vers le Massif central qu'il faut reporter constamment notre pensée, revenir sans cesse opérer notre concentration, reconstituer notre unité.

Avec cette règle, nulle crainte — comme peuvent en former les gens de la périphérie, ceux qui veulent plier trop exclusivement la France entière aux nécessités d'une province frontière, de la Lorraine, par exemple, — nulle crainte d'assimiler trop d'étrangers. Tout au plus, en vérité, un politicien de talent peut-il méditer des lois qui sauront habilement attirer les étrangers au centre, répartir les naturalisés en Auvergne, au Berry, au Languedoc. *Nous ne sommes pas Sparte, nous n'avons pas à redouter les métèques.* Quand les nations ont des obligations sublimes, un idéal altruiste, ce sont celles où le plus de races se mêlent et s'embrassent avec une sentimentalité humanitaire, qui, s'affirment les plus patriotes. Les plus fraîchement arrivés sur les rives de la Loire chérissent le plus amoureusement les paysages de Touraine, leur cœur revendique de déendre comme précieux patrimoine nos châteaux et nos églises, ils sont les plus ardents fils intellectuels de Corneille, de Hugo, de Michelet, de Balzac.

Au reste, nous qui créons si peu d'enfants (1), nous ne pouvons prétendre repousser les étrangers qui demandent la naturalisation. Leur proportion est d'ailleurs loin d'être en disharmonie avec les facultés d'assimilation de notre race. Qu'ils donnent au contraire le plus de fils à la nation : *si nous sa-*

____

(1) Le plus souvent parce que, astreints aussi dès la sortie du lycée aux longues études et aux préparations minutieuses de carrière que nous imposent notre haut idéal et les difficultés de notre tâche européenne, nous devons nous marier tard et sommes encore trop peu aidés par les lois à nourrir une famille nombreuse.

vons les aimer, ce seront les plus ardents à propager notre idéal, à participer à nos devoirs humanitaires ! Regardons autour de nous : parmi nos amis, les plus patriotes sont des petits-fils d'Italiens, d'Anglais... On me citera quelques métèques qui ont abusé de la facilité avec laquelle certains politiciens, souvent de droite, distribuent les faveurs de la République. C'est là que l'action nationaliste, à laquelle tout le public eût souscrit si elle se fût limitée à cette œuvre excellente de critique, eût pu être salutaire en surveillant et châtiant les faiblesses de nos gouvernants. Un comité de salut public contrôlant le gouvernement et non un parti lui disputant la distribution des faveurs, c'était le beau rôle ! Le nationalisme pouvait être une excellente police, non une politique.

Ce n'est point que nous songions à méconnaître ce qui se contint de noblesse dans quelques-unes de ses doctrines rédigées par un artiste en morale, Maurice Barrès. Sans mauvaise grâce, reconnaissons que dans le parti républicain aucun autre aussi grand écrivain n'a eu souci constant de nous rappeler à notre plus impérieux devoir : penser avec force et volonté à l'Alsace-Lorraine. Aucun aussi grand romancier n'a su affermir sans cesse et discipliner son talent à prôner dans le public un évangile d'action stoïque au lieu de céder à la frivolité de ce public et à ses concupiscences en multipliant les romans de volupté mondaine et de course à l'argent.

Ceci dit, il faut bien,, si l'on songe à l'avenir, à la seule façon possible de préparer la justice, conclure avec un intellectuel des gauches, M. Bouglé, professeur à la Sorbonne : « Le nationalisme a perdu presque tous ses sièges à la Chambre : autant de gagné pour le patriotisme. Les républicains ne seront que *plus à l'aise* pour en défendre, si besoin est, les justes causes. » Précisément, il ne peut y avoir le doute qu'émet notre sociologue radical : *besoin est* : et il fut à l'honneur de quelques nationalistes de le rappeler avec l'éclat nécessaire. C'est contre leur orchestre, recruté à la hâte parmi de vulgaires ambitieux, que nous en avions justement : « Trop de fusées, trop de coups de grosse caisse, trop d'appels de trompettes. Et on savait trop bien où voulaient en venir, finalement, les bateleurs. Se servir à tout bout de champ de l'idée de patrie, c'est le meilleur moyen de la desservir. » Nous qui formions alors la jeunesse républicaine des écoles, ce n'était point tant la peur d'une dictature militaire qui nous oppressait, que de voir l'armée confiée à de nouveaux Lebœuf, à des Mac-Mahon, à des Bazaine. Nous souffrions tous de ne pouvoir crier dans les rues : « Vive l'armée ! » parce qu'on entendait l'incarner dans un homme que nous ne pensions pas capable de devenir pour nous un Kellermann ni un Faidherbe.

Vive l'armée française ! c'est vive la République en Europe devant les césarismes. Ah ! si nos amis de gauche eussent employé à fortifier l'armée de la liberté le talent qu'ils ont confusément dépensé à énerver les esprits de trop vagues suspicions ! Ce qu'il fallait, c'était accaparer le militarisme, l'inscrire dans le programme démocratique. Il n'est rien de plus antidémocratique que d'avoir restreint à ce point la durée du service militaire : alors qu'à douze ans, la plupart des petits paysans quittent l'école sans avoir rien retenu, on avait l'avantage de les reprendre et les tenir à vingt et un ans, l'âge ou vraiment leur cerveau comprend, et de consacrer un tiers de chaque année à refaire leur instruction civique et pratique ; or, on a supprimé (1) la troisième année de service au lieu de la consacrer à un enseignement postscolaire qui les eût rendus plus aptes à la vie sociale. O Jaurès, ce qu'il fallait demander, conformément au véritable esprit socialiste, c'était qu'on épurât complètement l'armée de tout ce qui y restait du Second Empire : brimades, brutalité des bleus, grossièreté des caporaux, inculture des sergents. *L'armée doit devenir une*

(1) Ces pages ont été écrites au début de 1913.

Université Populaire du patriotisme. C'est de son civisme, de son ardeur intellectuelle, c'est de la puissance militaire, c'est de la fermeté de la France devant l'Allemagne inféodée aux Hohenzollern que dépend la liberté de l'Europe.

Nous nous plaisons à citer ce texte d'un professeur de la Sorbonne protestant, d'un loyal et généreux historien de l'Allemagne, Ernest Denis : « Vis-à-vis de l'Allemagne, la moindre défaillance serait d'autant plus néfaste que les passions belliqueuses y ont été surexcitées per une suite prodigieuse de succès, et qu'une caste puissante est intéressée à maintenir dans la foule un état d'esprit qui assure sa propre domination à l'intérieur ».

Plus le socialisme gagnera. plus le patriotisme doit se consacrer en une ardente discipline. Ce qui nous oblige à être très patriotes, c'est que la France se trouve naturellement appelée à devenir et est regardée comme la patrie de tout le monde. Combien l'ont répété : « Chaque homme a deux patries, la sienne et puis la France ». La masse serait entraînée à une grande confusion de conscience, si l'élite ne concentrait sa notion de patriotisme de façon à l'élever ensuite pour servir de symbole précis, de drapeau à tous.

Et plus la France se démocratisera, plus le patriotisme doit constituer une véritable religion. Il doit donner autant de force aux êtres d'aujourd'hui que la confession à ceux du Moyen Age, assurer un fondement aussi solide pour l'éducation sociale, pour le développement mental. Dans nos pays d'Occident, où l'on a pris vite conscience de ses droits et l'on s'en est grisé, trop d'êtres, décérébrés, sans freins, sans religion, sans foi, sans amour de rien, deviennent de plus en plus malheureux à mesure qu'ils acquièrent plus de jouissances. Emasculés par le scepticisme, les impuissants se multiplient, tristes, bientôt aigris, nocifs.

Nous entendons bien qu'on s'écrie : « L'amour de l'humanité peut être ce devoir, cette religion susceptible de sauver les êtres faibles et d'entraîner les forts ». Nous répondons : au degré de conscience où la masse est parvenue, à son degré de compréhension, l'humanitarisme serait trop général, trop imprécis, trop abstrait pour être sincère et efficace. Comme il est apparu à la renaissance vive de l'individualisme dans toute l'Europe, nous éprouvons le besoin de nous sentir, avec des droits et des devoirs définis, une personnalité : *la patrie est actuellement la personnalité collective la plus ample et la plus précise à laquelle nous puissions atteindre pour accroître en nous les plus actives vertus.* L'Humanité c'est l'impersonnalité. L'Humanitarisme ce serait pour la majorité le prétexte au nihilisme, la spécieuse excuse à la paresse.

L'amour de la plupart des humanitaires n'atteindrait aussi que des vivants : le patriotisme, plus noble et généreux, embrasse même les morts du pays et les fait revivre avec les vivants. Il détient la force de résurrection ! Le culte de l'humanité comporte quelque renoncement dans la gravité : sauf pour quelques âmes puissantes, il appelle *le dévouement* seul. Le patriotisme, pour beaucoup déjà, c'est *l'enthousiasme !*

C'est à ce désir d'enthousiasme, de s'épanouir pour un magnifique idéal, de se dépenser pour une haute cause qu'obéissent ceux qui, appartenant à un petit pays neutre garanti égoïstement contre les dangers de la guerre, n'hésitent pas à se naturaliser français. Surtout les Belges ou les Suisses qui ont voyagé dans le monde et particulièrement en Amérique, éprouvent la nécessité de participer aux risques, aux charges, aux responsabilités complexes, aux grandeurs de la France qu'ils savent entraînée aux expériences généreuses. Ils ne peuvent pas se dérober à la jouissance supérieure de se donner complètement à l'idéal de la langue qu'ils parlent, — la langue n'étant plus qu'une peau sans chair, sans muscles, sans os, sans sang et sans âme lorsqu'elle est détachée de cet idéal. Ils s'attachent à *leur vraie patrie, qui ne peut être que celle qui assume les plus passionnants devoirs.* Ils savent, ceux qui ont erré par le vaste monde, que c'est quelque chose

qui ne se paie jamais assez que d'appartenir à la
nation de Corneille, de Rude et de Puvis de Chavannes. Quels poumons on se sent, quel cerveau,
et quel cœur bat pour les tâches qui se déploient à
grandes ailes !

Et il faut de l'enthousiasme pour notre tâche tita-
nesque. Si souvent entre nous, Français, nous nous
plaisons à citer des pensées de grands écrivains favorables à la France, ce n'est pas tant pour flatter
notre vanité que pour fortifier notre fierté, et, au
milieu des épreuves de la lutte-pour-la-vie internationale qui épuisa souvent nos ressources, nous
maintenir plus droits et plus robustes dans notre
vocation de libérateurs des opprimés.

Notre fierté n'est en effet qu'une conscience de
nos devoirs. Notre patriotisme est le sentiment de
leur grandeur. Il ne saurait se contenter de vouloir,
comme certains progressistes et radicaux l'ont formulé, une conquête sociale, la diffusion du bien-
être égoïstement bornée, comme l'ont entendu certains congrès du Midi, un déplacement de la rente
au bénéfice de quelques syndicats. La France ne
pourra se sentir heureuse tant que des peuples seront asservis en Europe, puis dans les autres parties du monde. Certes, tant que la question d'Alsace-
Lorraine ne sera pas résolue, il ne saurait s'agir
pour elle de déclarer la guerre à toutes les puis-

sances d'oppression, de vouloir affranchir en même temps tous les peuples opprimés, mais au moins de soutenir ceux-ci moralement et financièrement.

L'Europe ne tolérera une pareille action, même ainsi limitée, que d'une puissance militaire. Le militarisme de demain doit s'instituer la doctrine de l'impériosité de nos devoirs, l'impératif de notre morale humanitaire. Les faux socialistes qui, députés préoccupés de succès électoraux, sont devenus, par le battage de l'humanitarisme, les gladiateurs du pacifisme, manquent à l'idéal dont ils se réclament. Comme l'écrivait l'autre jour le secrétaire de la nouvelle *Ligue internationale pour la défense du droit des peuples*, M. Pierre Bernus : « Il faut mettre *la justice au-dessus de la paix* ». Au reste, « aucun traité ne peut faire qu'une question internationale soit réglée lorsque le droit d'un peuple a été lésé. Les vieilles injustices ont une vie : elles travaillent et fermentent, jusqu'au jour où, à l'étonnement naïf des diplomates de l'école réaliste, une explosion se produit ». Ceux qui ont un peu voyagé en Europe savent à quel point des peuples y souffrent, indignés, exaspérés contre « l'Europe ». L'explosion est peut-être prochaine. Il s'impose à tous les partis en France de s'unir dans un patriotisme conscient des traditions de devoirs qui firent notre grandeur et de la vigueur que peut nous donner le sentiment unanime de notre mission dans l'humanité.

CHAPITRE II

NOTRE DEVOIR PRÉSENT
ENVERS L'ALSACE-LORRAINE

La question qui nous permet le mieux de découvrir, au tranchant de l'expérience vive, au choc de la réalité la plus intense, la nature humanitaire et la profondeur humaine de notre patriotisme français, est celle de l'Alsace-Lorraine.

I

LES SENTIMENTS FRANÇAIS ; UN TÉMOIGNAGE ALLEMAND

Cette année, j'étais dans le train de Copenhague. On traversait l'Allemagne. De jeunes Danois, qui savaient seulement que j'étais Français, saisissaient toutes les occasions d'attester avec rigueur leur sentiment contre les Allemands, la netteté de leur fidélité au Slesvig, leur espoir en l'avenir. Un Norvégien présent encourageait ces alertes petits Scandinaves. Je songeais : « Est-il triste que nous soyons obligés d'entretenir telle rancœur, que ce nous soit un devoir en siècle de civilisation si élevée de détester un grand peuple laborieux avec qui nous pourrions collaborer si efficacement pour une œuvre supérieure de science et de progrès social ! »

J'ai dit : « détester », ce qui signifie *avoir horreur* de leurs procédés, de leur action ; et non : « haïr », c'est-à-dire *vouloir du mal.* Il ne s'agit point de *vengeance.* Nos *revendications* pour l'Alsace-Lorraine, nos revendications sur L'Alsace-Lorraine ne sont point acte de haine mais d'amour. Ce n'est point parce que nous haïssons les Allemands, — *et ce serait plutôt parce que nous ne demandons pas mieux que de pouvoir plus tard les aimer, voire les aider à prendre leur place dans le monde,* — et c'est parce que nous sommes attachés de toute notre âme aux Alsaciens-Lorrains que nous nous préoccupons d'eux par-dessus toutes autres aspirations. Il ne s'agit point là, comme quelques antimilitaristes l'ont prétendu quelquefois, de revanche, mais d'équité, de solidarité, d'affection, de foi en la justice, et, — puisque la foi qui n'agit point ne saurait être sincère, — d'*action* indispensable pour la justice.

Penser *constamment* à l'Alsace-Lorraine, c'est pour un Français d'aujourd'hui appliquer à sa vie, à son éducation, l'impératif de la sagesse grecque : « Connais-toi toi-même. » A la base de la question d'Alsace-Lorraine s'impose un cas de conscience, non pas un problème mais un précepte inéluctable, même un principe de connaissance... Aussi bien commençons par rechercher l'origine de notre sentiment.

Ayant pris la parole, je me considère comme exemple ou, pour parler plus exactement, comme un sujet d'investigation. Comment peut-il se faire que ce souci de l'Alsace-Lorraine soit, quarante ans, après la guerre, aussi fort, aussi prédominant, même primordial, chez un Français né bien après le traité de Francfort à plus de 2.000 lieues de l'Europe dans une île pacifique et paradisiaque ? (1) La nature y est même si belle que la contemplation pourrait absorber les énergies de l'âme, — comme on le voit dans les poèmes du grand compatriote Leconte de Lisle, — et ensorceler en parnassisme, en pacifisme édénique, les aspirations à l'utopie. Comment ? Eh bien ! Là comme dans la plupart des chefs-lieux français l'on grandit entre des influences catholiques et des influences maçonniques. Ce n'est pas la leçon chrétienne, si admirable soit-elle pour la formation de la conscience et de la fierté, c'est l'ardeur du républicanisme humanitaire qui m'a tourné avec tant de ferveur altruiste et de force revendicatrice vers l'Alsace-Lorraine ; — et j'estime qu'on en peut dégager cette leçon : le patriotisme ne saurait être que renforcé par l'humanitarisme rationnel. Il m'a appris ce qu'il y avait de catégorique dans notre devoir envers ceux qui souffrent ; et plus particulièrement envers les Alsaciens parce qu'étant Français ils assument une plus haute mission dans le monde, celle d'y libérer ceux qui souffrent, et il m'a dicté qu'il faut les libérer avant tous

____

(1) L'île de la Réunion ou Bourbon près de Madagascar.

autres pour leur permettre d'accomplir leur mission.

Autre motif d'interrogation : Comment est-ce contre les Allemands qui occupent la lointaine Alsace-Lorraine que s'exerce l'humanitarisme d'un jeune Français né à l'île de la Réunion, quand dans son Océan Indien ce furent les Anglais l'adversaire héréditaire, le sujet de tous les récits et légendes, quand ce reste eux qui gouvernent dans l'île Maurice — si voisine qu'on l'a appelée l'île sœur, — nos frères de race, même nos très proches parents mêlés sans cesse à nous par des mariages ? Il suffira de vous apprendre que, dans ce pays conquis, c'est toujours le 14 juillet qui se célèbre comme la grande fête nationale et que le gouverneur y assiste, chapeau bas, tandis que s'élève le chant de *La Marseillaise*. Les situations principales s'y trouvent souvent confiées à des Réunionnais, qui refusent de se laisser naturaliser Anglais ce qui leur vaut même les félicitations du gouverneur, voire les plus rares décorations de la Couronne. L'Anglais admire la loyauté. Hélas ! l'histoire de l'Alsace-Lorraine depuis 1871 est la chronique des insultes incessantes à sa loyauté, des provocations insidieuses ou despotiques à la trahison, des tentatives méthodiques de démoralisation jusque par l'école. Les Provinces Annexées ne s'en sont au reste souvenues de la France qu'avec plus de persévérance, même quand elles ont cru qu'elles étaient oubliées, *ce qui, en vérité, ne fut jamais.* Vous en avez la preuve quand on vient vous apprendre qu'en 1890 ce qu'un enfant créole entendait le plus souvent chanter dans les salons de son île c'était : « Vous n'aurez pas l'Alsace et la Lorraine ! ». J'ajoute qu'avec Jules Verne, l'auteur préféré des écoliers y est Erkmann-Chatrian.

Sitôt que l'on arrive en Europe, la pensée est d'abord pour Paris, puis pour Strasbourg. J'y fis mes pèlerinages : la Schlucht, Colmar, Strasbourg, Metz. Je lus aussi, par devoir, tout ce qui se publiait de capital sur les pays annexés. J'ai recueilli et citerai ici, parmi les faits caractéristiques, comme dans un livre d'or de l'histoire protestatrice, les jugements essentiels de ceux qui ont écrit sur l'Alsace-Lorraine. Leurs paroles ne sont pas des mots, mais, chargées des choses vues, de vrais actes : des actes qui valent pour ceux qui croient que le droit qui parle est une force ! Pour un appel à la grande révision on verra quels témoignages ce sont là, loyaux, impartiaux, probants, propres à créer de la justice. De ce chef après avoir salué Maurice Barrès, René Bazin, Georges Ducrocq, Delahache, Hinzelin, Paul Acker, Lichtenberger, les Regamey, tant d'autres, et les journalistes, parmi lesquels milite au premier rang Henri Albert, suivi de Florent Matter, j'ai l'occasion de signaler particulièrement, avec une reconnaissance plus grande pour eux qui ne sont point politiquement de notre nation, le livre excellent, le livre clair, pittoresque, vif, persuasif, réconfortant, le livre noble que deux journalistes belges, MM. Dumont-Wilden et Léon Souguenet, amis de l'infatigable patriote Georges Ducrocq, ont publié récemment : *La Victoire des vaincus* (1).

J'ai une gratitude plus grande encore pour un Allemand, un libéral de la valeureuse lignée de Gœthe et de Schiller (2), M. Werner Wittich. Il est professeur à l'Université de Strasbourg et il est donc extrêmement important de le voir reconnaître la suprématie de la civilisation française dans les pays annexés.

S'étant avisé, au contraire de maints universitaires pangermanistes, qu'une impartiale et scrupuleuse analyse des caractères importe avant tout dans les études historiques et politiques, M. Wittich commence par reconnaître qu'en 1870 les Alsaciens

(1) A. Fayard, éditeur.

(2) Rappelons avec émotion quelques-uns de ceux qui, en 1871, s'opposèrent à l'annexion par la force : Dr Jacoby, Ch. Vogt, Bebel, Liebknecht, Sonnemann, — et le Dr Kryges, député du Slesvig dont le pays avait subi le même sort en 1866.

étaient devenus pour les Allemands « un peuple
étranger » et que « c'est en cette qualité qu'ils ont
été incorporés de force à l'Empire ». Il établit nettement que « l'Alsace et sa population sont devenues,
et cela par la faute du peuple allemand et de ses
princes, étrangères à la nation et à la culture allemandes ». Toutes les tentatives du gouvernement
pour germaniser les Alsaciens-Lorrains par les programmes d'instruction publique et le système policier ont échoué. Même malgré l'unité de culture
spirituelle avec l'Allemagne par l'intermédiaire de
la langue, le sentiment national allemand n'a pu
être engendré en quarante ans dans la Terre d'Empire.

Or sur quoi se fonde en général le patriotisme,
sur quoi peut-on essayer de fonder en Alsace-Lorraine un patriotisme allemand, se demande
M. Wittich avec cet esprit d'investigation et de séria-
tion méthodiques préconisé par les maîtres des
universités teutoniques ? Sur la sécurité, la gloire
commune aux populations confédérées, la culture,
la religion, la politique.

La sécurité ! Oui, certes. autrefois le patriotisme
pouvait être basé sur la reconnaissance des populations soumises pour les avantages économiques que
leur assurait la paix d'un empire. M. Werner Wittich
ne garde aucune illusion là-dessus : l'homme d'aujourd'hui a de tout autres exigences. Et, d'autre

part, comme ils sont âprement obtenus ces bénéfices de la *pax germanica* : les écrivains nationalistes français qui ont publié de beaux livres sur nos
anciennes provinces ne pouvaient enregistrer le mécontentement soulevé dans les classes populaires par
les charges du régime militariste, et les socialistes,
pour d'autres raisons, ont également négligé de le
faire. Il y a là, pour les jeunes romanciers parisiens
qui s'attardent à écrire encore en France des romans
antimilitaristes sans trouver matière à renouveler le
genre, un sujet d'étude tout autrement originale et
substantielle.

De même les populations annexées ne peuvent
guère être plus reconnaissantes à la Germania pour
la gloire commune qu'a pu procurer à l'Empire depuis 1870 la politique internationale des Kaisers.
M. Wittich écrit : « Même l'inauguration du Haut-
Kœnigsbourg restauré ou le raid aérien du comte
Zeppelin au-dessus de Strasbourg ne sauraient produire sur l'esprit du peuple une impression comparable à la prise de la Bastille ou aux victoires des
armées républicaines et impériales. » Ajoutons
qu'elles ne pouvaient concevoir plus de fierté des
hauts faits de la politique intérieure : eussent-elles
su oublier la féroce stupidité du régime policier sur
leur propre territoire, ce n'est point l'oppression
placidement cruelle des Polonais de Posen et de
Wreschen, l'étouffement des Danois, qui pou—

vaient provoquer la joie d'être citoyens d'Empire?

« Il est tout aussi impossible aujourd'hui, reconnaît M. Wittich, d'imposer à un peuple contre son gré une culture étrangère que de lui imposer une confession religieuse... L'expérience a montré que l'unité de culture spirituelle à peu près complète en Alsace n'a pas engendré le sentiment national allemand. Si le patriotisme, comme le veut l'opinion le plus en faveur, ne peut naître que sur la base de la culture personnelle, l'Alsacien, à supposer qu'il reste allemand, ne regardera pas, dans cent ans encore, l'Allemagne comme une patrie... On voit survivre dans la population entière un sentiment de piété envers la France, témoignage de la reconnaissance du peuple pour tout ce qu'elle lui a donné de gloire et d'honneur pour ses héros, de liberté, de bien-être et de beauté pour tous. Cette reconnaissance est sans cesse ravivée non pas des histoires à moitié oubliées mais par le spectacle permanent de la culture française partout présente dans la vie de tous les jours. »

Beaucoup d'Allemands comptent sur l'identité de religion pour rattacher à la métropole berlinoise une grande partie des habitants du Haut-Rhin et du Bas-Rhin. Il appartient aux protestants français de nouer des relations plus étroites avec leurs coreligionnaires de Strasbourg et de Colmar, et de leur vanter les bienfaits qu'ils recueillent de notre régime libéral.

La politique, en effet, ne saurait servir davantage
la germanisation : « Le patriotisme en Alsace est un
sentiment essentiellement politique », du moins à
l'origine, dit M. Wittich, qui prouve que le patriotisme français des Alsaciens fut essentiellement républicain. Il importe, en conséquence, de maintenir
dans les pays-annexés l'amour de la République
française par et pour le patriotisme. Les Français
conservateurs qui vont y médire de notre gouvernement font donc seuls une besogne active de germanisation : ils devraient rigoureusement se borner
devant l'étranger à regretter tels ou tels actes d'Etat
sans condamner la France dans son unité, par suite
dans son intégralité ; et que jamais ils ne négligent
de reconnaître la gloire et le profit que depuis 1870
vaut à la métropole le développement incessant
d'une expansion mondiale admirée par nos adversaires ! De leur côté, les républicains devraient-ils
laisser les nationalistes et les opportunistes voyager
presque seuls en Alsace-Lorraine ? Nous attendons
de notre élite radicale sur ces pays des livres d'un
accent égal à ceux de MM. René Bazin et Maurice Barrès. Il appartient à ses écrivains d'une autorité déjà rayonnante, aux Gustave Geffroy et aux
Margueritte, d'aller y faire campagne pour l'honneur
de notre régime dont on ne montre à l'extérieur que
les imperfections.

LES FAITS :

L'Allemagne, pour imposer à ceux qui arrivent
l'impression de la puissance de l'Empire, a bâti
partout, à côté de ses forts Moltke et Kronprinz,
des monuments dans un style que l'on peut appeler l'architecture de l'oppression : gares éléphan-
tiasiques, palais pachydermes : palais de l'Empereur, palais de l'Assemblée, palais des Postes et
Télégraphes, palais de la Bibliothèque, palais de
l'Université. Ils ont tous coûté *gros*. Ces œuvres
d'art... militaire, ces conservatoires de la domination écrasante, ces casernes de la science pangermaniste, témoignent de la lourdeur du régime
et de son esprit tel qu'il se manifeste encore offi-
ciellement dans cette apologie qu'en faisait en 1908
Guillaume II, discourant à Metz : « Je suis agréa-
blement surpris de l'essor et de l'extension que la
ville a pu prendre depuis que ses anciens remparts

sont tombés. Lors de mes précédentes visites à Metz, j'avais eu l'impression que sa taille était devenue trop courte pour sa figure, et j'espère que maintenant elle se développera *pour atteindre celle d'une forte femme allemande* (1). »

(1) Ces pages étaient écrites quand la maison Alcan a publié du grand philanthrope russe J. Novicow : *L'Alsace-Lorraine obstacle à l'expansion allemande*. C'est une œuvre de logique diserte, très explicite, lucide, impartiale : un grand nombre de faits y ont été catalogués et commentés dans un esprit vif de justice autant que dans le désir passionné de l'apaisement en Europe. Citons d'abord ces lignes :

« En 1911, les Allemands ont élevé une statue à l'empereur Guillaume Ier sur la plus belle place de Strasbourg. Voilà un acte antipatriotique au premier chef. Oui, antipatriotique au point de vue allemand, parce que cette statue empêche, dans une certaine mesure, l'assimilation de l'Alsace par l'Allemagne. Les Allemands font souvent une politique aussi malhabile que les Russes et, franchement, on pourrait leur conseiller de prendre de meilleurs modèles. Après la révolution de 1830, l'empereur Nicolas Ier fit élever sur la plus belle place de Varsovie un monument aux officiers polonais qui lui étaient restés fidèles. En un mot, il fit élever un monument aux officiers qui, aux yeux de leurs compatriotes, avaient été traîtres à leur pays. On se représente quels sentiments de haine un pareil monument devait exciter parmi les habitants de Varsovie. Toutes les fois que leurs regards tombaient sur lui ils devaient ressentir comme un coup de stylet leur faisant comprendre combien les Russes étaient haïssables et combien il y aurait avantage à s'en libérer.

« Le monument de Guillaume Ier, à Strasbourg, est exactement comme le monument de Varsovie dont je

Afin d'habiller à pareil goût nos cités, combien faut-il d'argent ! Les Alsaciens-Lorrains sont accablés d'impôts : pour 100 francs qu'on paie en moyenne en France, ils paient, eux, plus de 150. Chaque année, les charges augmentent, le prix de la vie croît, et depuis 1900, « dans des proportions inouïes ». Le crédit agricole est mal organisé. L'industrie n'est point entravée seulement par les mesures policières les plus énervantes en vue d'éliminer les intelligences, mais par les taxes qui pressurent : malgré les multiples démarches des industriels de Mulhouse, les fils et les cotons ont été frappés de droits de douane particulièrement onéreux pour le textile alsacien ; la seconde industrie de la province, celle de la bière, est grevée de contributions. Le fameux vignoble alsacien se meurt, laissant 60.000 vignerons dans la détresse noire. Cependant, tandis que l'Allemagne se créait un reluisant réseau de voies fluviales et de canaux modernes, rivières et canaux des pays annexés furent plus que délaissés, obstrués. Le Strasbour-

viens de parler. Les Allemands savent parfaitement qu'à l'heure actuelle les Alsaciens considèrent les événements de 1871 comme un immense malheur. Elever, dans la capitale de l'Alsace, un monument au souverain qui leur a causé ce malheur, c'est leur donner constamment comme un coup de poignard moral. C'est donc provoquer la haine, c'est s'opposer à l'amalgamation nationale qui vient de la sympathie. »

geois qui exposait cet état de choses dans *La Dépêche de Toulouse* concluait : « De 1820 à 1870 les
deux provinces avaient eu un essor considérable,
leur population avait augmenté de 50 0/0. Après
1870, ce beau développement s'est ralenti malgré
les immenses ressources naturelles de la région,
et le nouveau régime menace même de tarir toutes
ses sources de prospérité. » Je renvoie pour les
détails précis, pour l'argumentation sobre mais vi-
brante, à l'admirable volume de M. Georges Delahache : *La carte au liseré vert* (1). Il constitue un
rapport méthodique, minutieux, ordonnancé comme
un règlement : un vrai règlement de comptes. Pour
ce qui concerne les canaux notamment, M. Delahache
a représenté qu'au xix° siècle la France ne s'était
laissé arrêter ni par les frais ni par les difficultés
techniques pour doter ses provinces de l'Est, et en
regard il expose avec quel esprit systématique de
déprédation la haute administration d'empire a em-
pêché Strasbourg, depuis 1871, de parfaire ses canaux de rectification pour avantager Manheim. Il
conte à cette occasion comment même les crédits
pour bourses de voyage sont *détournés* en faveur
des implacables monuments au Kaiser.

Cependant, les libertés politiques n'augmentent
guère. Les lois sont plus draconiennes que pour le

(1) Hachette, éditeur.

reste de l'Empire, aggravées de l'application de vieux décrets de la monarchie française (1). Le régime est quasi militaire (2). Tout le monde, enfin, sait aujourd'hui ce qu'il faut penser de la Constitution octroyée récemment : selon le mot net de M. Preiss, député de Colmar, cette constitution *pour* l'Alsace-Lorraine a été faite *contre* elle. « En réalité, juge Novicov, elle creusera un fossé plus profond encore entre le vainqueur et le vaincu parce qu'elle est un trompe-l'œil, une manifestation de l'hypocrisie politique scandaleusement pratiquée dans ces derniers temps sur une si large échelle... C'est en définitive l'empereur qui fait ce que bon lui semble. »

Le régime des vexations s'applique toujours avec une rigueur qui ne sévit point seulement pour blesser les Français nés Alsaciens-Lorrains, mais pour humilier les Français de toutes les provinces restées libres, qui est une provocation permanente à notre nation entière, à notre gouvernement. J'enregistre avec pleine satisfaction la confession d'un jeune écrivain pacifiste comme M. Paix-Séailles quand il écrit noblement : *Chaque plainte, chaque souffrance des provinces annexées est pour la France un douloureux affront.* De ces vexations,

---

(1) G. DELAHACHE, p. 136.
(2) *Idem*, p. 137.

certaines se révèlent si ridicules qu'elles amuseraient plutôt si elles n'étaient quotidiennes ; d'autres, odieuses. Parmi les premières, je n'en connais point qui mériteraient mieux d'exciter la verve irritable de nos vaudevillistes et de nos antimilitaristes que la guerre aux enseignes, aux écriteaux, aux étiquettes en langue française. Le coiffeur est obligé de s'appeler *friseur*, le restaurant *restauration*, « la modiste, conte Emile Ilinzelin (1), se travestit en *modistin*, le concierge descend au rang de *portier*. Du même coup, le concert s'orchestre de K et de Z, pour devenir un *Konzert*. Et le voyageur qui, sur la vitrine du café lit *Kafee* avec K et deux e, s'aperçoit vite que quelque chose de suspect est tombé dans la tasse qu'il allait boire ». Les menus des hôtels s'offrent barbouillés de langue allemande, celle qu'on a appelée « la moins friande, la moins alléchante, la moins apéritive du monde ». « Soupe à tortue » a été traduit, par ordre de l'Empereur, en *Schildkræte-Suppe*, *schildkræte* signifiant littéralement crapaud à carapace ».

On en rirait si ce n'était un des mille détails d'une provocation perpétuelle : on n'est pas d'humeur à goûter tous les jours pareille farce. L'enseignement de notre langue est *interdit* dans les écoles primaires ; les lycées et les collèges lui font une

(1) Livre de lui : *En Alsace-Lorraine*, Plon, éd.

mesure aussi menue que possible, et le relèguent parfois à « une singulière place, comme dans ce programme de l'école professionnelle de Mulhouse, cité au Reichstag, qui prescrit les leçons de l'histoire en allemand, de la géographie en allemand, de la calligraphie en français (*Hilarité*), du dessin en français (*Hilarité*) » (1) ; parmi les maîtres qui l'enseignent, il n'en est guère qui comprennent nos chefs-d'œuvre. Ils disent, résume M. Ernest Lavisse, que « notre langue est pauvre, que notre littérature est froide, déclamatoire, lascive ; ils disent aussi qu'elle est perfide. Ces *pédagogues — phénomène très rare — essaient de déshonorer l'objet de leur enseignement* ».

Les journaux français se voient souvent prohibés, ce qui oblige à les recevoir dès lors sous enveloppe. Leur lecture, en tout temps, reste interdite aux jeunes gens qui font leur service ; on leur défend aussi de parler français et on leur impose comme « devoir d'honneur » d'éviter de correspondre dans cette langue avec leurs parents, qui souvent ne connaissent qu'elle. On ne sait qu'inventer : n'a-t-on pas été jusqu'à « l'idée macabre », selon la forte expression de M. Ernest Lavisse, « d'interdire même aux tombes d'Alsace de parler français ? »

Il ne s'agit plus seulement comme autrefois de

---

(1) G. DELAHACHE, *op. cit.*, p. 139, Hachette, éd. Ce mot *hilarité* est inscrit au procès-verbal du Reichstag.

l'expulsion des agences des Compagnies d'assurances de Paris ou de Nancy, de la suppression arbitraire des journaux politiques de Metz ou de Strasbourg, de l'extradition de conférenciers, tel Auguste Sabatier, traitant « de l'influence des femmes sur la littérature française » ; tout est prétexte à perquisition, inquisition. Je dois me borner à rappeler les procès dressés contre M. Jean, contre les frères Samain ; c'est presque tous les jours que *Le Temps* nous informe d'une nouvelle vexation ménagée à des indigènes. Ils s'en amusent, nous l'avons vu avec les procès — qui ont ridiculisé pour jamais la Germanie — de l'abbé Wetterlé et de Hansi ; ils en rient, très spirituellement, jusque sous le coup des amendes, jusqu'en prison. Que feraient-ils d'autre ? « L'insulte au vaincu est une spécialité allemande ; on en souffre un peu... pour le vainqueur », nuancent MM. Dumont-Wilden et Souguenet. C'est là un « mot », très aimable pour nous, des deux nobles journalistes belges ; mais notre devoir et notre nature sont de sentir autrement et de nous impatienter de pareilles vilenies, surtout quand elles blessent inexcusablement des enfants. Je citerai comme le plus significatif, ce récit synthétique de M. Barrès :

« Tout petit, lui dit un jeune Alsacien, j'avais l'impression d'avoir souffert pour la France.

« A cinq ans, j'allais chez une personne qui, sous prétexte de garder les enfants, leur enseignait l'orthographe
française. Elle fut dénoncée, et je vois encore comme
elle pleurait de ne plus pouvoir gagner son pain. La loi
nous oblige, dès notre sixième année, à fréquenter une
école de l'Etat. Je suivis les classes du gymnase de Colmar. Mais, avec cinq de mes camarades, je prenais des
leçons chez un ancien maître du lycée français. Un jour,
on frappe à la porte. Le pauvre maître, avant de tirer
les verrous, nous presse de cacher nos cahiers et nos
plumes. Mais, comment justifier autour de cette table
cinq petits écoliers, les doigts tachés d'encre. Comme l'institutrice, le professeur pleura.

« Il y eut en Alsace des perquisitions pour découvrir
les membres de la Ligue des Patriotes. Le père d'un de
nos condisciples fut pris. Quand l'écolier, le lendemain,
arriva en classe, le maître l'invectiva : » Ah ! vous pou-
« vez vous vanter d'avoir un joli papa ! C'est un scan-
« dale qu'un sujet allemand se permette une trahison
« envers sa patrie. Votre père est une canaille, et s'il ne
« tenait qu'à moi, je le ferais pendre haut et court !... »
Ce flot d'injures coula longuement devant nous tous
qui, Allemands et Alsaciens mêlés, avions de huit à neuf
ans. Le fils de la « canaille » pleurait à chaudes larmes,
et ses camarades étaient empoisonnés de fureurs diverses. »

Vous concevez que le pays se dépeuple ! De 1905 à 1910 encore, plus de 50.000 personnes émigrèrent ; depuis 1871 plus de 320.000, la moitié de l'élite. A ce sujet, on a fait ressortir le danger que constituait pour le pays, pour la culture française, pour la civilisation, cette abdication des énergies et des intelligences françaises qui cèdent ainsi la place aux immigrés germaniques et pangermanistes. M. Maurice Barrès a formulé : « L'émigration est encore plus funeste à l'Alsace que la bataille de Frœschwiller... Ne soyons pas comme en 1870 des soldats pleins de cœur avec une mauvaise idée directrice. » Son haut et impérieux livre *Au service de l'Allemagne* sert même d'évangile intellectuel, de manuel de morale et de discipline pour la résistance aux jeunes gens de la bourgeoisie alsacienne qui restent là-bas et subissent avec la loi des vainqueurs leur service militaire. Mais il ne peut être utile qu'à l'élite : la masse, quelles sont exactement ses souffrances, quel est son devoir ? cela ne nous a pas encore été dit avec toute la précision désirable, et je puis signaler seulement un des principaux épisodes du net et éloquent roman de M. André Lichtenberger : *Juste Lobel Alsacien* (1), d'un rationalisme si pressant, d'une sensibilité largement éclairée. Le paysan Jean Knabel commence par tout supporter,

______

(1) Plon, éditeur.

en serrant les dents : l'enrégimentement dans l'armée des « maîtres », l'uniforme, la discipline de fer, les commandements ineptes, les punitions et consignes, les injures ignobles des sous-officiers, les railleries insultantes, les menaces honteuses ; mais, quand on le frappe, il perd toute force de résistance, ses camarades doivent l'empoigner pour qu'il n'assomme pas l'officier ; et ne s'offre qu'une ressource : la fuite. Les désertions se multiplient, trop souvent, hélas ! arrêtées à la frontière, et c'est alors le dur emprisonnement, parfois l'exécution.

Pour l'élite même, la doctrine, si merveilleusement élucidée de M. Maurice Barrès, ne saurait représenter la leçon sans exception : elle est dure, donc injuste, pour ceux qui ont émigré en France et qui, ne l'oublions pas, contribuèrent grandement à entretenir des relations intimes et quotidiennes entre ceux qui sont restés au pays et la métropole, à multiplier les unions entre familles de Nancy et de Strasbourg, de Paris et de Colmar, à nous renseigner ici et à nous édifier sur le sort de ceux de là-bas, à nous faire apprécier là où ils se fixaient les vertus de cette Alsace qui manque tant à la France et dont la collaboration est nécessaire à son œuvre mondiale. Un Paul Appel, un Pfister, eussent-ils été vraiment plus utiles à notre cause comme à notre science en l'Université de Strasbourg où l'on eût entravé leurs moindres recherches ? M. Delahache nous a montré tout ce qui fut entrepris contre les savants médecins résidant à Strasbourg et leur école. Le colonel Moll, le capitaine Fiegenschuh rendirent tout de même plus de services à la France en donnant l'héroïque exemple de leur vie et de leur mort aux premiers rangs de notre armée qu'ils n'eussent pu le faire « au service de l'Allemagne » !

M. Ernest Lavisse, après M. Maurice Barrès, crie aux jeunes Alsaciens : « Demeurez là-bas, mes amis ». Ils ont les meilleures raisons pour se prononcer ainsi, la plus haute autorité pour y insister. Cependant, en vérité, l'émigration fut valeureuse, et, pour ma part, je souhaite qu'elle continue dans une certaine mesure. Elle nous impose seulement un devoir : c'est de multiplier nos pèlerinages, nos visites et voyages d'études, de créer des cercles pour recevoir à Paris les Alsaciens et y favoriser les unions, et il importe qu'un certain nombre de Français de nos autres provinces aillent vivre là-bas, fût-ce pour un temps simplement, qu'ils accomplissent une sorte de service en cette terre d'empire, — leur service de vaincus puisque, nous devons le reconnaître hautement, nous sommes toujours des vaincus tout autant que les Alsaciens-Lorrains, de même qu'ils ont participé depuis 1871 à toutes nos conquêtes. Je ne comprends pas qu'il ne se soit pas formé une puissante Société pour susciter et soutenir une immigration française en Alsace-Lorraine (1). Voilà le devoir nouveau à proclamer par toute la France.

Nos immigrés auraient apporté là-bas un contre-poids d'intelligence, de politesse et d'altruisme français bien utile à neutraliser l'immoralité de l'immigration germanique. Le sentiment sur elle s'avère unanime (2). Ce n'est pas seulement un romancier nationaliste comme M. Barrès qui a dénoncé — on sait avec quelle harmonieuse mesure de style et quelle sobriété hautaine, — la bestialité des jeunes bourgeois, l'abrutissement des conscrits, la cruauté stupide de sous-officiers prévaricateurs et faussaires, la facilité vulgaire de leurs épouses. Je recommanderai encore la lecture de l'ouvrage de MM. Dumont-Wilden et Léon Souguenet : il est édifiant et il est plaisant. Il abonde en piquantes anecdotes, de ces anecdotes avec lesquelles peut s'écrire l'histoire comme la sagesse d'un peuple se révèle par ses proverbes. Il s'en conte où perce que les immigrés eux-mêmes ont honte de soi.

(1) Je n'ignore point qu'elle a été arrêtée par des mesures administratives allemandes. Mais précisément une Société bien ordonnée eût mieux trouvé les moyens de les tourner. Lire aussi à ce sujet le roman des Régamey où le « héros », d'abord émigré, se décide à réclamer la naturalisation alsacienne.

(2) La morgue, les défauts piquants, les prétentions blessantes, l'autoritarisme oppressant, les abus, la sottise

Cela se passe à confesse.

Le pénitent traîne en longueur.

— Est-ce tout, mon enfant ? interroge le prêtre.

— Oh non, mon père, j'en ai bien encore un, mais je n'ose pas le dire.

— Parlez, mon enfant : Dieu pardonne les plus grosses fautes quand le pénitent se repent.

— Eh bien, mon père, je suis Prussien.

— Le regrettez-vous bien ?

— Tant que je peux, mon père !

Et le prêtre lui donne l'absolution.

M. André Lichtenberger a conté, dans *Le Matin* (1911), cette jolie petite anecdote plus significative encore : « A Strasbourg, des gamins, l'un Alsacien, l'autre fils d'émigré, se prennent de querelle dans la rue. « Cochon de Prussien ! » s'écrie le premier. Et l'autre de répondre, indigné : « Ce n'est pas vrai ! mon père était Prussien, mais moi je suis Alsacien. » Elle illustre humouristiquement une des conclusions

provoquante, les vices, la solidarité poussée jusqu'au crime, le despotisme aveugle des fonctionnaires prussiens sont mis en saillie dans le roman ardemment coloré de Jeanne et de Frédéric Régamey : *Au service de l'Alsace* (Albin Michel, éd.). L'imbroglio des aventures n'est point que romanesque : les plus dramatiques accidents paraissent véridiques à ceux qui feuillettent avec quelque régularité la presse locale ; les traits de mœurs et d'esprit sont dessinés par des observateurs sans doute passionnés mais méticuleux avec finesse, généreux par noblesse.

rédigées par M. Henri Albert, le plus docte et le plus mesuré dans les questions alsaciennes, en un article important de la *Renaissance latine* : beaucoup d'immigrés nés depuis l'annexion sont complètement assimilés aux jeunes Alsaciens du peuple ; dans deux générations, si l'aisance leur vient, ils parleront français. Et M. Florent Matter a noté qu'en Lorraine, déjà, les fonctionnaires allemands se plaignent de voir leurs enfants francisés.

Vous ne vous étonnerez plus, après de tels traits, que les Alsaciens et les Lorrains restent fidèles au passé de leur province, à leur patrie.

Pour eux, disent MM. Dumont-Wilden et Léon Souguenet, il y a mieux. La défaite subie par la civilisation française il y a quarante ans n'implique plus ici aucune humiliation. On la comprend comme l'épisode d'une lutte éternelle et qui n'est pas finie. Qu'est-ce que quarante ans en cette éclatante histoire ? Et l'Alsacien, qui connaît son vainqueur, qui le connaît depuis longtemps, en parle avec une désinvolture si tranquille qu'elle est manifestement exempte de haine.

« Nous en avons vu bien d'autres, dit un bonhomme en riant. Nous avons été envahis par les Ostrogoths et les Wisigoths, c'est maintenant les saligauds. » Une des bonnes plaisanteries un peu fortes où se délecte l'Alsacien.

Cet Alsacien n'est pas un vaincu ; on lui a pris sa terre, on a pris la caisse, on détient les fonctions. Et puis après? L'Alsacien retient, pour lui, son âme et sa pensée irréductibles, et, fils d'une race brave, rit de cette immense Allemagne qui s'essouffle à faire la conquête morale de son petit pays.

Ces écrivains avaient eu d'abord peur, au premier aspect de certains quartiers des principales villes, que la germanisation ne fût en progrès. Mais ils ont bientôt constaté partout « le respect persistant et l'espoir entêté ». Partout, ils entendirent boire *à la France*, même dans les cabarets où la police impose le portrait colorié du kaiser. Un aubergiste déclarait à un collaborateur des *Marches de l'Est* : « De même que nous mettons des mannequins dans les champs pour épouvanter les oiseaux, de même nous suspendons le portrait de l'empereur à notre cheminée pour éloigner les gendarmes ». « Vivre et attendre », c'est décidément le précepte du pays. Il se concentre là d'autant plus de sagesse que chaque nouvelle génération se reconnaît plus anti-allemande, comme l'a proclamé M. Jacques Preiss à la tribune du Reichstag. « Nos enfants seront pires que nous, déclarait un Lorrain : ils les connaissent, ils les ont vus à l'école, ils les voient à l'armée. *Ils n'auront pas peur.* »

Certains, à Paris, les ont quelquefois représentés comme pacifistes (1) : les Alsaciens-Lorrains, fils

(1) Notamment *Le Courrier Européen.*

d'un pays de généraux (1), frères et cousins de soldats, et dont le nombre ne fait que croître à la légion étrangère — 316 en 1906 ; 572 en 1907 ; 939 en 1908 ; 1,022 en 1909 — les Alsaciens-Lorrains ne sont point pacifistes. « Autrefois nous ne voulions pas la guerre, nuance un paysan de Ribeauvillé, parce que nous pensions que les Français seraient vaincus ; nous la désirons aujourd'hui parce que nous savons qu'ils seraient victorieux. »

« L'Alsacien, rapportent MM. Dumont-Wilden et Souguenet, se tient souvent d'une façon significative au courant des deux armées. Nous avons constaté qu'en ce qui concerne la France il est loin d'être pessimiste. » Pareil honneur oblige. Sous le régime militariste l'Alsacien-Lorrain est naturellement belliqueux par esprit de justice, autant que d'indépendance, par humour autant que par martialité. Ce peuple, si profondément français, qui a le même esprit mordant, le même humour capiteux, les mêmes reparties du cœur que celui de Bourgogne ou de Paris, manifeste tous les jours son sentiment par les plus jolies ripostes qui se puissent de courage et de vivacité. Un

(1) « Il n'y a pas eu, durant les guerres de la République et de l'Empire, moins de soixante-deux généraux alsaciens. Quarante étaient nés à Strasbourg. Vingt-huit ont leurs noms gravés sur l'Arc de Triomphe. Sur son lit de mort, dans le délire de l'agonie, c'est celui du brave Stenjel qui remontait aux lèvres de Napoléon. » ANDRÉ LICHTENBERGER, *Juste Lobel Alsacien* (Plon, éd.).

officier supérieur prussien haranguant la foule
s'était écrié : « Je vous donne ma parole d'honneur.
— Si tu n'as que ça à donner ! lui répliqua un
homme du peuple ; une parole d'honneur de Prussien, c'est pas grand'chose. » Une dame de Colmar
m'a rapporté encore un de ces traits que j'aime col-
lectionner comme les belles images d'Epinal et les
assiettes paysannes aux tons si francs : Une fruitière
au marché entend la femme d'un officier supérieur
demander à son mari : « O Hermann, tous ces fruits,
tout ça, c'est d'Alsace même ? — Oui, fit l'homme.
— Mais alors, c'est un paradis », s'exclama-t-elle.
Sur quoi, la marchande de faire remarquer avec
bonhomie : « Oh ! Adam et Eve aussi étaient heureux
au Paradis terrestre, mais on les en a chassés. »

L'amour de la France se renforce chaque année,
devient plus conscient, plus profond, plus ferme.
M. Maurice Barrès prête à un jeune Strasbourgeois
ce langage véridique : « Nous avons grandi dans
une atmosphère de conspiration, de peur et de haine
et dans la certitude de notre supériorité de race.
Voilà qui explique notre amour de la France. C'est
un amour avec obstacles : un perpétuel ressort et
notre beau secret. »

Le principal avantage se marque dans le maintien
de la langue française, non seulement dans la classe
sociale qui peut toujours se donner la culture qui
lui plaît, mais dans la classe moyenne sinon dans le

peuple. « Aujourd'hui, s'exclame au congrès pangermaniste de 1907 le pasteur Spierser (1); c'est devenu un dogme qu'à un enfant de parents convenables
on ne doit parler que français. » « Les Alsaciens,
dit M. Florent-Matter dans *L'Alsace-Lorraine de nos
jours* (2), apprennent maintenant le français par
protestation, par distinction et par élégance. On cite
de touchants exemples d'ouvriers, d'employés ou de
petits commerçants s'imposant de lourds sacrifices
pour apprendre, après une journée de labeur, notre
langue ou pour la faire enseigner à leurs enfants. »
M. Henri Albert a constaté au congrès de Liège que
l'usage du français pénétrait plus avant dans les classes
populaires. « Les efforts volontaires ont tourné exclusivement vers le génie français et surtout vers la
langue française. » L'Alsace n'en a pu que mieux
poursuivre sa fonction européenne, par M. Barrès
ainsi définie : « A travers les siècles la romanisation
des Germains est la tendance constante de l'Alsacien-Lorrain. »

Il accomplit de la sorte l'œuvre de civilisation.
Quand les professeurs et les fonctionnaires veulent

(1) Cité par Novicov dans *L'Alsace-Lorraine obstacle à
l'expansion allemande* (Alcan, éd.), 1913.
(2) **Plon**, éditeur.

détruire la culture française en Alsace, ils agissent à l'inverse des Romains dont ils se croient les héritiers, et comme si ceux-ci eussent voulu barbariser les Grecs au lieu de se mettre à leur école : la valeur de Rome résulta de l'assimilation du génie hellénique. M. Barrès a caractérisé avec excellence la supériorité de notre idéal :

« A l'école allemande la figure du Christ demeure au second plan derrière la figure impériale ; les petites gens satisfont leurs besoins religieux avec les croyances socialistes ; les universitaires et les officiers s'en tiennent à une indifférence que leur souci des convenances masque. Seule la morale protestante continue de vivre : elle prône l'application au travail, le sentiment de la responsabilité devant Dieu et devant les hommes, l'horreur des péchés grossiers : elle laisse sommeiller l'esprit de générosité, de sacrifice et d'héroïsme... Il me semble que les Français se distinguent des Allemands par l'urbanité, le goût des nuances, la générosité, enfin l'altruisme. Un Français est un individu pour qui les autres individus existent. »

Au point de vue social comme au point de vue des nationalités, cela représente, marque-t-on en Alsace, une trop forte réaction que de vouloir faire d'un pays « qui a été un des berceaux de la Révolution française, une annexe de la Prusse à demi féo-

dale ». Pour les Alsaciens, la France est doublement
la patrie parce qu'elle est France et parce qu'elle est
République. Devant les délégations parisiennes,
M. Preiss, député de Colmar, boit sans restrictions
« *A la patrie* ».

III

En présence de cela, quelles sont nos volontés?

Est-il besoin de dire que d'abord *nous ne vou-lons pas oublier*. Il est même inutile d'appuyer sur ce que, comme l'a si justement posé M. Delahache, « si pareille mésaventure fût advenue aux Alle-mands, ils ne manqueraient pas de rappeler le passé, *sans lassitude*, ponctuellement, gravement, à toutes leurs générations d'écoliers et d'étudiants ». Le voudrions-nous, nous ne pourrions pas oublier. « Pour retrouver la liberté de ses mouvements en Europe, la France, exprimait récemment M. La-visse, n'aurait qu'à dire un tout petit mot : « J'oublie ». Ce tout petit mot, elle ne le dira pas », ajoute-t-il avec une forte simplicité. Ce serait d'abord une lâcheté : « Nous ne pouvons abjurer l'Alsace..., par là prêter la main à une iniquité sans cesse renouvelée », crie à la fin le pacifiste Juste Lobel. Ce serait ensuite une sottise en face d'une puissance armée qui a pour instinct d'exiger d'autant plus qu'on est plus faible pour elle, comme le déclarait cette année à l'envoyé du *Journal* le maréchal Von der Goltz. « Le traité de Francfort, estiment les deux écrivains de Belgique, apparaissant bien plus comme l'expression de la rancune allemande que comme le règlement définitif d'un conflit politique, a eu, dès le premier instant, plutôt le caractère d'une trêve que le caractère d'une paix perpétuelle, et ce caractère lui fut donné non par le vaincu mais par le vainqueur. » En dehors même de nos intérêts nationaux, nous défendons là ceux de l'humanité. « Il s'agit, en effet, de savoir, selon les mots de M. Lavisse, si, dans le conflit engagé, la force prévaudra sur l'esprit ou si c'est l'esprit qui prévaudra sur la force. » Et là M. Jaurès doit être d'accord avec M. de Mun.

Nous ne pouvons oublier ! Ce n'est point seulement parce que le Rhin offre une frontière naturelle harmonique à la France, mais parce que l'Alsace intellectuelle, morale, est nécessaire à la France. « Depuis que vous n'êtes plus là, déclarait l'autre jour M. Lavisse à de jeunes Alsaciens, l'équilibre de la nation française est compromis... C'est pour nous un juste sujet d'orgueil que notre *Marseillaise* ait été chantée pour la première fois dans une maison

de Strasbourg ; que l'Alsace ait donné à nos armées
de si vaillants soldats et de grands généraux (1). A
la fin l'Alsace était si bien fondue en nous, elle
était si bien nous qu'elle ne se distinguait des autres
pays de France que par ce patriotisme plus ardent
qui, à la frontière, fait face à l'étranger. »

Nous ne pouvons oublier ; nous ne pouvons,
même, nous taire. « N'en parlons jamais ; pensons-y
toujours » peut être un précepte bon — parce qu'il
impose une dure discipline — pour ceux qui virent
la défaite : non point pour ceux qui sont nés après
elle et pour qui le silence ne peut plus être une contrainte, pour qui le silence risque de n'être plus le
Silence Armé. C'est par des paroles que la jeunesse
prend conscience et précise sa conscience. Parlons-
en de plus en plus : avec sang-froid mais avec
énergie. Ceux-là même d'entre les Français qui se
veulent le plus résolument pacifistes par apriorisme
philosophique comme M. Paix-Séailles, reconnaissent : « Nous pouvons nous résigner à une séparation matérielle, nous ne pouvons, sans mentir à
notre dignité, sans faire violence à nos sentiments
les plus respectables, supporter sans protester
qu'on tienne les Alsaciens pour mineurs, qu'on leur
refuse sinon le droit de disposer librement d'eux-

(1) M. Lavisse parle ensuite de ses excellents ingénieurs.

mêmes, du moins une autonomie égale à celle des autres pays de la Fédération allemande. » Or, ces Français on ne les traite pas en citoyens mais en « sujets » !

Ah ! des Français qui souffrent — s'il est vrai qu'ils en sourient, par la grâce de leur caractère ! — des Français qui sont blessés, amoindris, annihilés, qui, affranchis, eussent pu tisser de leur labeur libre et plein un rêve plus sûr de bonheur humain, d'égalité des peuples : quelle diminution pour l'Europe ! Ce que les Serbes et les Bulgares ont fait pour des Serbes et des Bulgares, ne le ferons-nous pas pour des Français ? Serons-nous inférieurs aux petits peuples balkaniques ! Il ne s'agit pas, encore une fois, de revanche mais de revendication, d'action pour le droit, de cela même pourquoi les leaders social-démocrates poussent leurs compagnons à la « lutte ».

On demandera : « Voulez-vous la guerre ? Désirez-vous qu'on prenne l'initiative de déclarer la guerre à l'Allemagne ? »

Je réponds :

« Mon premier devoir est de ne pas me taire. Je suis le frère des Alsaciens-Lorrains ; le voudrais-je, je ne pourrais m'interdire de penser à eux, d'aller chez eux ; moi, dont l'instinct et un devoir de Français sont de chercher à voir dans le monde ce qu'il y a de plus beau, de plus noble, comment pourrais-je me laisser détourner de me rendre chaque fois que je le peux dans la Terre Sacrée, cimetière de nos morts les plus chers, champ de gloire où ceux de notre race livrent encore tous les jours le plus courageux combat ? Comment pourrais-je m'arrêter de crier mon admiration pour l'abnégation des Laugel, des Wetterlé, des Preiss, des Blumenthal, des Zislin, des Hansi, de plus d'un million de paysans et d'ouvriers pour qui le mot France est un idéal ? Comment pourrais-je m'empêcher de me retourner vers tous ceux d'au-delà les Vosges et leur rappeler que nous ne saurions être moins braves qu'eux ! »

Quelques-uns me chuchotent : « Attention ! C'est eux qui souffriraient d'abord, et le plus, de tout conflit ! » Nous pouvons tous répondre : « Je ne suis pas libre de mon cœur. Je ne suis pas libre de mes actes. Je ne cherche point d'ailleurs à diriger l'avenir, j'obéis seulement au passé et au présent avec loyauté. Les Alsaciens-Lorrains non plus ne sont pas libres : nous sommes sous les ailes d'aigle des fatalités : nous ne pouvons pas empêcher que ce qui s'est passé entre les Vosges et le Rhin ne se soit passé et n'ait une suite. Mon devoir est simplement de dire ce qui est, de ne pas fuir la vérité, la réalité, de la rendre sensible à tous ; et, que voulez-vous, si en

France, à un moment donné, tout le monde se lève révolté de l'iniquité, je ne serai pas plus responsable que la lumière qui éclaire les méfaits. Aux autres, d'abord, de ne pas les perpétrer ! Arrive ce qui doit arriver. Je redoute la guerre plus qu'aucun, mais je ne fuirai pas, et se voiler les yeux c'est fuir. »

Alors, si l'on me répète avec entêtement : « Vous voulez que la France recouvre l'Alsace-Lorraine, vous voulez que l'Alsace-Lorraine devienne libre : donc vous voulez la guerre ! » je répondrai encore :

Vous le savez bien, les ministres seuls ont les armées en main pour savoir si l'on doit sagement agir à tel ou tel moment. Je n'usurpe aucune fonction : je suis écrivain, j'accomplis ma fonction d'écrivain qui est, au premier chef, d'exprimer la sensibilité de ceux que je fréquente, de concentrer leurs aspirations, ensuite de réfléchir pour la masse, ce qui implique, de regarder au loin, de méditer sur les réalités de l'Europe. Or, qui a entrepris plusieurs voyages d'études en Allemagne et à l'entour, a vu plusieurs peuples souffrir abominablement d'injustices impies, rester révoltés, être préparés et devoir être précipités par la blessante oppression à l'insurrection, à la guerre, à la guerre européenne. C'est donc déjà pour moi un devoir de dire que nous devons tous nous tenir prêts. Il ne s'agit pas là seulement de préparer l'armée, mais de préparer la conscience de la nation. La Paix Armée n'a été si dure, si onéreuse et *si inutile* que parce que la conscience de la nation, elle, n'était pas entièrement armée. L'éducation civique est encore à inscrire dans les programmes de nos lycées, à plus forte raison dans ceux des lycées des jeunes filles, car, si les Françaises se révèleraient sans nul doute vaillantes dans une impitoyable épreuve, il n'en est pas moins vrai qu'en temps de paix elles ne se montrent pas suffisamment patriotes. Quels sacrifices volontaires consentent-elles dans la vie quotidienne pour la patrie ?

L'heure pourtant est impérieusement grave. Dans un livre consciencieux qui vient de paraître, *France et Allemagne*, M. René Pinon cite cette lettre de M. Cambon, notre ambassadeur à Berlin, à M. de Selves : « Un homme politique allemand disait que le danger de l'heure présente n'était pas dans les choses, mais dans l'opinion que les deux pays en avaient, et que l'esprit public en Allemagne lui semblait plus exaspéré qu'en France. » Il écrivait cela, il est vrai, le 20 août 1911, l'année d'Agadir ; mais aujourd'hui encore aucune entente ne reste possible avec Berlin. M. Pinon, esprit très modéré, conclut lui-même au terme de ses patientes et sagaces études : « Des rapports corrects et loyaux, des échanges de vues sincères, des ententes même, s'il y a lieu, *de cas en cas*, ou encore des rivalités localisées et des différends passagers réglés dans un esprit d'équité et de concorde, voilà ce que l'Allemagne et la France se doivent l'une à l'autre ; mais, *dans l'état actuel de l'Europe*, rien de plus ». Tel s'est également trahi le point de vue allemand, ainsi que l'a exposé le prince Lichnowsky, ambassadeur d'Allemagne à Londres.

On revient par là à maintenir la Paix Armée, les armements progressifs, mais, ajouterons-nous, en reprenant, assoupli et fort de leur expérience, la politique des hommes de 1875, de Gambetta, dont, quoi qu'on ait pu dire, et ainsi que l'élucide M. Pinon, la conception politique a été dominée et inspirée par la volonté de refaire une France qui pût quelque jour retrouver ses provinces perdues.

A quelle occasion ?

L'occasion viendra : il suffit de nous préparer moralement autant que matériellement. Emettons que ce peut être par la paix comme par la guerre. Déjà Thiers écrivait en 1875 : « Si, un jour, l'Allemagne devait être entraînée dans les embarras avec d'autres puissances, le moment serait venu de régler ses comptes ; mais cela ne voudrait pas dire que, dans un pareil cas, la France devrait se lever contre l'Allemagne. Il ne serait pas impossible d'envisager que l'Allemagne, alors, serait disposée à acheter l'alliance française par des compensations qui pourraient rendre une guerre inutile. » Est-ce bien là la « justice immanente » qu'attendait Gambetta ? En tous cas, comme il nous revient de développer encore notre patriotisme, il appartient aux ministres d'aujourd'hui d'étudier et de prévoir par quelles combinaisons ils sauront recouvrer l'Alsace. Ah ! ne se lèvera-t-il pas en ce monde positif du xxᵉ siècle un homme qui, dans la politique, ait autant de génie que Hugo dans la poésie, qui, sans déchaîner de guerre atroce, nous rende l'Alsace-Lorraine ? Qui de nos leaders actuels... ? mais le temps leur est désormais compté : on a fait long crédit à ceux qui ont dirigé la France. Que ceux d'aujourd'hui songent à la postérité : un homme politique ne sera considéré grand homme par l'avenir que s'il a fait quelque chose d'important pour l'Alsace-Lorraine ; on ne l'excusera point de n'avoir su que parer, comme un comptable de maison commerciale, aux difficultés budgétaires et diplomatiques de l'heure. Il nous faut un homme de génie !

Que parlé-je de l'avenir ? Ce n'est pas seulement l'avenir qui le réclame, mais le présent. Toute l'Europe haletante l'appelle ; allez en Wallonie, allez au Slesvig, allez en Posnanie, allez à Varsovie, allez en Lithuanie, allez à Helsingfors, allez chez les Roumains de Bessarabie et de Transylvanie, allez chez les Serbes d'Autriche et les Croates, allez donc aussi chez les Italiens de Trieste. *C'est dans l'Europe entière qu'est posée la question d'Alsace-Lorraine*, et, convainquez-vous-en, la solution par l'internationale sur laquelle M. Jaurès compte pour régler la question d'Alsace n'a guère de chance d'être une solution pacifique : en proclamant la lutte des classes, les socialistes eux-mêmes n'ont fait qu'activer le feu par quoi s'enflammera la lutte pour les nationalités.

Vous comprenez si, dans cette expectative, si devant l'imminence de la guerre, il importe que nous tâchions de devenir le plus parfaits possible. Nous réclamions un homme de génie, mais, ne l'oublions pas, un pays a ceux qu'il mérite. Si nous nous élevons, il en jaillira nécessairement un. Préparons-le. Chaque fois que je m'efforce vers la perfection, c'est avant tout à l'Alsace-Lorraine, — plus encore qu'au petit pays où je suis né — que je pense. Nos devoirs à tous sont plus impérieux envers lui. Et les droits d'une nation résultent de l'accomplissement de ses devoirs. Le premier qui s'impose à nous, c'est celui dont nous donnèrent l'exemple les trois leaders alsaciens, le catholique abbé Wetterlé, le protestant Preiss, l'israélite Blumenthal, en fondant ensemble le parti de l'Union Nationale. Imaginez de quelle force serait une France où un Barrès, au lieu de taquiner un Clémenceau jusqu'à l'irriter, fût devenu son ami : il l'eût aidé, donc forcé à recouvrer déjà l'Alsace-Lorraine et peut-être sans guerre, car le génie est dans l'harmonie, dans l'union.

CHAPITRE III

L'ALTRUISME FRANÇAIS ET LE PACIFISME

A propos de ces éclaircissements sur le devoir présent envers l'Alsace-Lorraine, nous avons reçu (1)
diverses lettres qui nous pressent de scruter avec un
souci particulier les articles parus sur ce sujet au
début de 1913. Les examens critiques sont plus que
jamais utiles dans la confusion contemporaine ! Là,
quelques-uns, parmi les esprits les plus lucides des
partis de gauche, nous semblent avoir complètement égaré leurs principes.

I

Ah ! Félix Le Dantec eut grand'raison de dénoncer l'importance du quotient d'erreur qu'il y a dans

(1) Lors de leur publication dans la revue *La Vie* fondée
par un groupe d'écrivains pour lutter en faveur des nationalités opprimées.

chaque mot. Chez nul il n'est plus considérable, plus grave, que dans celui de *paix*. Entendons-nous un peu avant tout sur ce qu'il signifie.

Des hommes politiques et des philosophes notoires des partis de gauche réclament la paix : la paix à tout prix. Tels M. Jaurès, M. Bouglé, M. Ruyssen, M. Séailles et M. Paix-Séailles.

« C'est dans la paix, c'est par la paix que nous entendons défendre notre culture », fait dire M. Bouglé aux socialistes alsaciens-lorrains — nous discuterons ensuite s'ils le sont — et il est éclatant que pour lui, comme pour M. Ruyssen (1), tel doit être aussi le programme français : « reconquérir » ce que nous avons perdu « grâce au progrès des idées et des institutions démocratiques ».

On pourrait déjà estimer que le principe actif de la démocratie n'est pas la paix mais la guerre. Ainsi l'ont compris Marx — qui, sémite comme Mahomet, proclamait à sa façon la guerre sainte — et tous les socialistes qui, après lui, ont affirmé la nécessité sacrée de « la lutte ». Ils disent « lutte des classes ». Nous croyons, conformément à l'esprit à notre sens supérieur de la Révolution française, que

(1) Professeur de l'Université de Bordeaux dont les conférences et articles en faveur d'un rapprochement franco-allemand basé sur l'acceptation définitive du Traité de Francfort ont provoqué des manifestations et des campagnes de presse en 1913.

« la lutte pour les nationalités » est un idéal plus noble, plus intelligent, plus altruiste. Il est aussi plus clair. En réalité, il n'y a pas de classes tranchées : la division en trois classes (aristocratie, bourgeoisie, peuple) est archaïque et permet seulement aux politiciens contemporains de pêcher en eau trouble, le plus honnêtement que chacun peut. Le marxisme est une routine : M. Jaurès s'en sert parce qu'il manque de génie et qu'il reste avant tout imprégné de l'esprit universitaire de son époque (1) qui recommandait comme facile et donc avantageux l'emploi de quelques « procédés ». Il n'y a guère plus de marxistes que quelques universitaires ou primaires. Demain, le socialisme français se lèvera tout entier contre le marxisme qui est une religion (d'inspiration sémitique), qui n'est pas une philosophie d'esprit latin, et qui est inapplicable comme doctrine universelle. Le socialisme a déjà dû s'en débarrasser dans plusieurs autres pays.

Revenons à la paix. Il y a paix et paix. Il y a la paix dont jouissent les peuples forts et il y a la paix où gisent les peuples faibles. Je dis que la paix réclamée actuellement par M. Jaurès, M. Sembat,

____

(1) Je spécifie : je suis loin de vouloir ici amorcer une campagne contre l'Université actuelle, que je crois, au contraire, si remarquable, s'il est vrai que l'esprit de routine y domine *parfois* trop encore quelques-uns.

M. Bouglé, M. Ruyssen, M. Séailles est celle qui permet à l'Allemagne et à la Russie, entre autres et par-dessus toutes autres, d'écraser de plus en plus des peuples ayant chacun de 2 à 20 millions d'âmes, des peuples admirables, supérieurs à elles. Je dis que qui veut voyager attentivement en Europe ne peut pas faire autrement que de le voir et d'être torturé par le spectacle des souffrances démoralisantes sous l'oppression *croissante*, sauf si, homme politique considérable, donc surmené, aveuglé, machinisé, il ne prend le train que pour aller à la course débarquer à Berlin, prononcer une conférence et parler exclusivement avec des hommes arrivés — et donc également aveuglés — de son parti.

La paix, pour M. Jaurès et pour M. Pelletan, c'est, sans qu'ils s'en rendent assez compte (mais ils l'ont dit sans s'en apercevoir), la vie paisible des petits rentiers socialistes ou radicaux qui désirent égoïstement garder toutes leurs forces pour les employer à faire monter les salaires et baisser les denrées de première nécessité. C'est du socialisme embourgeoisé qui eût fait horreur aux hommes de la Révolution et contre lequel se lèvera le socialisme de demain : *La Suisse peut avoir des raisons d'être un pays neutre : la France n'en a pas le droit.*

C'est également du républicanisme style Louis-

Philippe que celui de MM. Bouglé et Gabriel Séailles. Quand ces intellectuels veulent la paix à tout prix, ils parlent en hommes de cabinet avec une attitude philosophique comparable à celle du général Sebastiani quand il vint proclamer à la tribune : *L'ordre règne à Varsovie.* Leur paix, c'est cet ordre-là ! Parbleu ! nous souhaitons tous de « la paix » comme de « l'ordre », mais ce n'est point « la paix » et « l'ordre » qui règnent actuellement à Strasbourg, au Slesvig, à Poznan (Posen), à Varsovie, à Helsingfors, à Agram.

Et vous, monsieur Paix-Séailles et les autres jeunes gens du *Courrier Européen*, qui êtes-vous ? que voulez-vous ? Etes-vous tolstoïens, et comme d'autres retournent au catholicisme voulez-vous retourner au bouddhisme ? Voulez-vous que, une joue ayant été déchirée, nous tendions l'autre joue, puis notre cou ? Voulez-vous que l'Allemagne, puissance d'oppression, reste seule forte dans le monde ? Nous savons votre sincérité et votre noblesse, nous partageons vos sentiments, nous avons la plupart de vos craintes, nous sommes de cœur avec vous, mais notre raison trouve *votre tactique* mauvaise, nous croyons que, manquant de logique avec vos principes vous n'êtes pas encore à même de gouverner pratiquement. Nous sommes pourtant avec vous les élèves de M. Seignobos (relisez donc attentivement son histoire européenne plutôt

que ses articles de visionnaire)! Nous le sommes
bien davantage de M. Aulard (1). Nous sommes avec

(1) Voici les passages essentiels d'un récent article si
juste, si chaud, admirable, de M. Aulard dans *La Dépêche
de Toulouse* (29 mars). Il y établit ce qu'il y a « d'impar-
fait, d'équivoque ou même mensonger dans le manifeste
socialiste franco-allemand » en rendant justice « au sincère sentiment d'amour pour la paix ».

« La vérité, c'est que le gouvernement allemand a pris
l'initiative d'accroître ses armements, quand personne,
absolument personne en France, n'avait l'intention ou
même la pensée d'accroître les armements français. La
vérité, c'est que, si le gouvernement français projette ce
surcroît de préparatifs militaires, il y est forcé par le
gouvernement allemand, et sur la nécessité de ce surcroît
il n'y a pas un Français éclairé qui ne soit d'accord avec
son gouvernement, puisque nous ne différons que sur la
nature du moyen (service de trois ans ou nation armée).
Présenter donc l s deux projets, l'allemand et le français,
comme deux fantaisies, également abominables, du gouvernement bourgeois, c'est tromper le peuple.

« Les socialistes allemands ne feront pas tout leur possible. Tout au contraire : ils disent implicitement qu'ils
voteront sans hésiter ce surplus du budget militaire.

« Ah ! s'ils s'étaient engagés à ne pas voter un sou
d'impôt nouveau, c'est cela qui eût gêné, contrarié le
gouvernement allemand ; c'est cela qui eût fait obstacle
au militarisme impérial. Mais les socialistes allemands sont,
comme tous les Allemands, non seulement Allemands
avant tout, mais fidèles sujets de l'empereur. Dans cette
occasion décisive, tout en grognant et déblatérant, ils
prennent ou gardent pour devise le mot du personnage
de Schiller : « Je suis le serviteur de l'empereur, et je
dois, en cette affaire, chercher à lui plaire. »

la Ligue du droit des peuples, illustrée de la présidence d'un Ernest Denis, du concours des Gide, des Verrier, des Bernus, de la présence d'un Paul Desjardins qui formule : « La doctrine pacifique nous paraît à la fois trop résignée au fait et trop oublieuse des faits ». Il ajoute excellemment : « On a proposé dans un Congrès récent que les Sociétés de la Paix reconnaissent formellement le maintien du *statu quo* dans l'Europe politique comme la condition préalable de la pacification définitive qu'elles veulent : nous n'accorderons jamais cela. Nous avons de la paix une conception moins matérielle. » Vous êtes matérialistes autant que Charles Maurras. C'est dans votre matérialisme que loge aujourd'hui l'utopie.

II

On peut nous dire, on nous l'a à peu près formulé : le système politique de nos gouvernants actuels donne de la force à la Russie qui est aussi une puissance d'oppression.

Quelqu'un écrivait l'autre jour de Suède à M. Raphaël Périé : «... Le français, comme vous le savez, a été à peu près rayé du programme suédois. La Suède, après avoir été 250 ans une province intellectuelle de la France, est aujourd'hui une dépendance intellectuelle de l'Allemagne. Elle ne se contente pas d'ignorer la France, elle croit sur parole ce qu'on en raconte à Berlin et se prépare, dans la prochaine guerre, à se ranger du côté de l'Allemagne. Jamais revirement ne fut plus complet en si peu de temps. En 1870 l'opinion suédoise était tout entière pour nous et il y eut des milliers de volontaires suédois dans les rangs français... »

« De ce revirement qui est responsable ? me demande alors M. Raphaël Périé, l'un des esprits les plus élevés de ce temps. Qu'auraient pu contre nous les calomnies berlinoises, si nous étions restés intrépidement les champions du droit universel, si, pour préparer une revanche que nous n'avons pas eu le courage de tenter quand elle était légitime, nous n'avions pas conclu les alliances les plus ignobles, si la France n'était pas devenue, selon l'expression d'un journal américain (1), « la queue du cerf-volant russe » ? Notre conduite à l'égard de la Pologne, de la Finlande, nous ont discrédités. Le nationalisme s'est cru malin. Il a voulu être machia-

______

(1) Ce journal, qui n'a pas plus le sens des nuances, ni même des couleurs, a grande chance d'être de ceux qui prescrivent la destruction des noirs. Les États-Unis peuvent jouer un rôle important en Europe ; ils ont eu tort de se borner à protester auprès de Pétersbourg lors des massacres de Kichineff : eux qui comptent trois millions de Polonais, eussent dû, avec l'adresse nécessaire, exercer une action constante et méthodique en faveur de la Pologne.

vélique. Plus de sentiment ! L'intérêt pur... Comment voulez-vous que l'Europe sympathise ? »

Je n'ai pas hésité à reproduire cette lettre d'un Français éminemment injuste pour la France parce que c'est cela qui me fut objecté par beaucoup en Catalogne comme en Pologne, et qu'on doit le crier aujourd'hui en Irlande comme je l'ai entendu en Egypte. Je crains que les esprits les plus nobles ne se prononcent quelquefois avec un jugement historique aussi léger que l'était le cœur de M. Emile Ollivier. Ils tranchent les grosses questions comme Alexandre tranchait le nœud gordien : on peut admettre cela d'un général en chef, non de pacifistes. Les ministres qui ont conclu l'Alliance franco-russe n'étaient peut-être pas si imbéciles ni criminels qu'ils le supposent ; la situation donnée, pouvait-on faire mieux ? Leur politique ne fut vraiment point « intérêt pur » et nationalisme. Là où tint pour nous la plus nocive médiocrité de quelques-uns d'entre eux fut dans la façon dont on appliqua l'Alliance, dans la diplomatie vis-à-vis la Russie depuis le traité : adaptant en matière de politique intérieure la tactique anglaise de l'isolement, ils estimèrent ne pouvoir presser la Russie de conseils pour sa politique intérieure, dont ainsi ils laissèrent Guillaume II, incapable d'aussi pusillanimes scrupules, s'affirmer maître. Le génie leur a manqué comme il fait défaut aux pacifistes actuels.

Mais remettons le passé aux historiens qui auront du recul et plus de documents ; voyons le présent. La Russie est exécrable, elle est moins dangereuse *pour le moment* que l'Allemagne parce qu'elle est moins forte. Si actuellement nous courons risque d'être sa queue, la faute n'en est pas seulement au pouvoir, mais aussi à l'opposition qui ne sait que crier, qui n'a pas de tactique, qui n'a pas de méthode, qui n'a pas d'unité de principes. C'est elle qui, énervant, épuisant sans cesse le pouvoir par des attaques acharnées sur des questions secondaires, ne sait pas lui imposer, avec son concours, ses idées sur les questions principales. Les grands hommes d'opposition ne sont plus que des ténors : ce ne sont pas des hommes d'action. Le pouvoir, *quel qu'il puisse être*, ne « pourra » jamais, vis-à-vis la Russie, que s'il est la France entière.

Le « bloc », pourquoi ne serait-ce conception admissible que pour la première Révolution ? la Troisième République elle aussi est un bloc, et vous l'oubliez trop, mon cher maître Raphaël Périé, quand vous écrivez dans votre grand livre, *L'Ecole du Citoyen* (1), jugeant la France depuis 1870 : « Il ne faut pas confondre le patriotisme avec le

(1) La maison Gédalge vient de donner une nouvelle édition de ce livre de premier ordre, œuvre d'un apôtre qu'on ne peut approcher sans le vénérer et l'aimer. Il a vu 1870, 1871. Il a connu beaucoup d'hommes, — peut-être pas assez ceux qu'il condamne.

chauvinisme qui en est l'odieuse caricature. Nous voyez-vous demain vainqueurs de l'Allemagne, mais tellement changés, ayant si bien renoncé à notre ancienne nature ouverte et généreuse, que l'Alsace-Lorraine ne nous reconnaîtrait plus, qu'elle se voilerait la face et qu'elle dirait : Ah ! ce n'est plus ma France. »

Vraiment la Troisième République paraît-elle à ce point inférieure au Second Empire ? comme le juge M. Périé, qui ne fut point seulement un de ses meilleurs fonctionnaires mais un de ceux qui honorent le plus sa pédagogie. Les Jules Ferry et les Waldeck-Rousseau — je cite deux dont l'action fut la plus profonde — ont-ils mené si bas la France ? C'est presque réhabiliter Rouher et Ollivier. Hé ! vous êtes plus durs pour la Troisième République que les néo-royalistes. Ne serait-ce point que vous êtes d'accord inconsciemment avec eux parce que ce que vous lui reprochez résulte nécessairement de quarante ans de paix forcée ?

III

Sur la question Alsace-Lorraine, vous dites vouloir vous borner à demander l'autonomie. Mais presque toute la nation s'entend là-dessus avec vous, y compris la plupart des généraux, qui ne tiennent nullement à la guerre. Il faut seulement re-connaître, avec M. de Pressensé lui-même, que l'Allemagne ne la donnera pas.

Et qu'elle écrase, d'une façon inacceptable pour des humanitaires s'ils ne sont pas lâches, les peuples qu'elle domine ! Vous me transcrivez cette lettre que vous venez de recevoir d'Asie Mineure :

J'ai vu ce soir à la vitrine d'une librairie une série de cartes postales qui m'a frappé. J'ai pensé à l'acheter pour vous l'envoyer, et ensuite j'ai eu scrupule de con-tribuer à faire gagner l'éditeur. L'une de ces cartes re-présentait une vue d'Alsace-Lorraine avec la cathédrale de Strasbourg et deux Alsaciens se profilant sur une colline. Des régiments de cuirassiers français, lancés à bride abattue, accouraient vers elle, suivis par des masses de fantassins et de canonniers. Dans un coin de la carte, sous un drapeau tricolore, ces mots :

> *L'Allemagne altière*
> *Craint notre armée de terre.*

Seconde carte, paysage analogue, avec des aéroplanes et des dirigeables :

> *Nos conquérants de l'air*
> *Effacent les frontières.*

La troisième carte représente l'escadre de Toulon arrivant sur les côtes de la Prusse rhénane, et la lé-gende est aussi bête...

Vos auteurs, chers amis, — poursuivez-vous, — citent des sottises tudesques. Celles-ci ne sont pas moins idiotes. Vraiment, puisqu'il ne peut pas ne pas y avoir d'imbéciles, à gauche comme à droite du Rhin, le mieux serait-il, me semble, — pour les gens sensés — de ne pas se renvoyer leurs crottes à la figure.

Nous ne pouvons tout de même mettre sur un plateau de balance les provocations mercantiles de fabricants de cartes postales, et sur l'autre plateau les agissements d'une police qui gouverne, en disant qu'ils ont le même poids, et en nous imaginant qu'on fait avec cela de l'équilibre européen garantissant la paix.

IV

Reste maintenant la question de discerner la vérité, d'écrire l'histoire de son temps avec autant de méthode scientifique que celle du passé. Vous, Bouglé, Victor Margueritte, Périé, plusieurs autres d'égale bonne foi mais qui n'êtes même pas socialistes et ne vous entendez guère à la composition du parti, vous écrivez : « Les socialistes alsaciens se sont prononcés à Mulhouse. » (1) Déjà les socialistes ne seraient pas toute l'Alsace ; mais ceux qui ont parlé étaient-ils vraiment des Alsaciens-Lorrains ou

(1) En 1913.

surtout des Badois, comme MM. Bœhle, Schilling, Walfers, des Saxons comme M. Fuchs, des Prussiens comme M. Emmel ?

Qu'ont-ils dit exactement ? Quelle est leur valeur ? « Ces socialistes, pose avec netteté M. Aulard, représentent-ils bien l'opinion des ouvriers et des paysans en Alsace et en Lorraine ? Sont-ils vraiment, eux-mêmes et tous, des Alsaciens et des Lorrains ? Le socialisme en Alsace-Lorraine n'est-il pas un parti immigré, quant aux idées et au personnel ? » Il ne semble point possible d'en douter. Ce n'est donc point lui qui peut élever le plus haut la voix, ni que l'on doive écouter avec le plus de respect.

CHAPITRE IV

LE SOUVENIR DE LA GUERRE
UN TÉMOIN DE 1870

Quand nous parlons de paix, n'en traitons pas en aveugles. Rappelons-nous, avec cette exactitude de l'émotion qui doit être la première vertu de l'historien autant que celle du citoyen, ce que fut la Guerre. Je ne crois pas qu'il y ait eu de plus impartial témoin que Gabriel Monod.

J'ai toujours été attiré à Gabriel Monod parce que, universitaire de la nouvelle école, il avait voué un livre pieux à Michelet. En relisant ses écrits on goûte encore davantage, avec la fraîcheur juvénile — précieuse chez un professeur — de son sentiment pour le grand historien, la gravité de sa ferveur et sa force digne. Il apparaît avec franchise pourquoi ce Français de 1870, né au Havre d'une

vieille famille d'Alsaciens, aima Michelet : parce que
Michelet donne l'espérance !

Il avait 26 ans quand éclata la guerre. Il a laissé
un petit livre austère : *Allemands et Français —
Souvenirs de campagne : Metz, Sedan, la Loire* (1)
que doivent pratiquer tous ceux qui consultent les
témoignages de la grande année avec la passion
d'exhorter sans cesse leurs compatriotes à se perfectionner pour la tâche imprescriptible de libération humaine. Ecrites avec une invulnérable loyauté,
avec la conscience que « le premier devoir du patriotisme est l'équité envers nos adversaires et la
sincérité envers nous-mêmes », ce sont des pages
stoïques et fortifiantes : l'auteur, là comme dans
toute sa vie, a voulu chercher et nous voulons avec
lui savoir *la vérité* « pour que la France se relève
et reprenne son ancienne situation ».

Il rend claire justice aux nations d'outre-Rhin,
entre toutes aux Saxons, qu'il a vus céder parfois
à l'humanité, et il nous révèle l'amitié que les Allemands, en général, montraient au cours de l'occupation pour les enfants, s'amusant avec eux, les
promenant, s'en faisant donner des leçons de français. « Ils racontaient qu'eux aussi avaient des enfants, « un, deux, trois », désignaient-ils sur leurs

(1) Librairie Fischbacher, 1872 : presque épuisé.

doigts, et grands « comme ça, comme ça et comme ça » en élevant graduellement la main pour indiquer la hauteur de leur taille. » Là se perçoit la première vertu essentielle qui garantit à cette race sa valeur dans l'Europe malthusienne. Plus encore que la méthode des chefs, la discipline en fait la force : M. Monod signale comme aux premières victoires dominait dans leurs sentiments la joie de croire la guerre terminée ! la désillusion n'empêcha pas cependant d'aller jusqu'au bout de la campagne exterminatrice ces blonds sentimentaux qui regrettaient la molle quiétude aux foyers.

A la vérité, on les entraîna en éveillant en eux les instincts sauvages ! Il y eut indéniablement, selon notre impartial historien, « un *système* terroriste de l'invasion » « dureté *systématique*, cruauté *réglementaire* ». On les excitait à brutaliser et à asservir un peuple riche, brillant et raffiné. « A Buzancy, j'ai entendu un jeune chirurgien allemand injurier un vieillard qui donnait à manger à des blessés français, en criant : « Il y a assez longtemps que nous sommes vos domestiques ! « Cette parole m'a frappé, dit Gabriel Monod ; ce sentiment a été celui de toute l'Allemagne à l'égard de toute la France. » Voilà qui donne quelque fondement historique aux campagnes de presse actuelles sur la quantité excessive des domestiques ou des commis allemands. Une revanche bestiale d'anciens valets, telle se pourrait caractériser la guerre impitoyable avec les détails mêmes que nous rapporte M. Monod. « Le prince de W... disait le 7 décembre à un de ses hommes : « Mayer, donnez-vous-en à cœur-joie et volez tout ce que vous pourrez, nous montrerons à ce peuple qu'on ne nous fait pas la guerre impunément ». Et Mayer, s'inclinant avec soumission, répondait : « A vos ordres, Altesse ! » Les soldats volaient pour revendre aux cantiniers qui suivaient l'armée et rachetaient tout à bas prix. Contrairement aux Rhénans, Hanovriens et Saxons, les « Mecklembourgeois et les Poméraniens volaient l'argenterie, les vêtements de femme, arrêtaient les hommes dans la rue pour leur enlever leurs souliers ». Ils mettaient dans leurs poches les couverts d'argent avec lesquels ils avaient mangé et emportaient les bijoux des chambres où ils avaient couché. Ne parlons des heures « réglementaires » de pillage ! Nous ne cherchons à cette heure les faits détestables du martyrologe, mais les traits de caractère : ils trouvaient une joie de domestiques dans la destruction : à l'hôtel de Châteaudun, ce fut après avoir bien déjeûné que les officiers mirent le feu aux rideaux de la salle à manger. M. Monod dénonce la grossièreté de gens non policés, les superstitions de ces conquérants infatués de leur supériorité scientifique : « Un grand nombre, même des protestants, portaient sur eux une prière baroque tombée du ciel au xviiie siècle et qui doit protéger contre les balles ennemies et contre la morsure des chiennes enragées. » Et c'étaient « les savants des universités » qui leur prêchaient contre nous, avec les piétistes luthériens, « grâce à qui est née en Allemagne une hypocrisie qui ne le cède en rien au jésuitisme ».

On comprend mieux à quel point ensuite Gabriel Monod s'attacha à Michelet parce que celui-ci lui avait découvert dans l'histoire l'étude la plus propre « à donner le respect des choses anciennes tout en faisant perdre la superstition ».

Ceux qu'il prend pour « maîtres de l'histoire (1) » au lendemain de la défaite, ce sont ceux qui l'élèvent au respect de l'âme humaine. Un respect ardent : Monod n'a pas consacré son livre à Guizot, à Tocqueville, à Fustel de Coulanges, mais à Michelet, à Taine et à Renan. Il révère Taine certes pour son sérieux, sa simplicité, sa candeur, parce que « ce sage » n'a « pas une tache dans sa vie », mais surtout pour sa passion de la vie complexe qui entretint l'intensité de son œuvre. Il défend Michelet contre les froids érudits : « Si sa pensée a quelque chose de saccadé, de fiévreux, s'écrie-t-il, c'est qu'on y sent les batte-

(1) Titre de son volume le plus célèbre, Calman-Lévy, éd. — Chez Hachette a paru en 1905 *Jules Michelet*, études sur sa vie et ses œuvres avec des fragments inédits importants.

ments d'un cœur toujours ému ! » Il cite à son propos
Vauvenargues que ne pourrait renier même un
Maurras : « Les grandes pensées viennent du cœur. »
Sa sensibilité fit la puissance de son patriotisme :
« Michelet aima passionnément la France. Il vivait de
sa vie dans le passé et il est mort des coups qui l'ont
frappée. » Le patriotisme fut pour lui une religion :
« Il faut dans l'enfant fonder l'homme, créer la vie
du cœur. Dieu révélé par le père dans la patrie vivante, dans une histoire héroïque, dans le sentiment de la France ! »

Voilà pourquoi ce témoin de 1870 éprouva pour
Michelet une « reconnaissance filiale » ! Son étude
sur l'historien débute en nous montrant quelle tristesse opprimait les âmes des adolescents dans les
douze premières années du Second Empire. « Le
mot même de patrie semblait n'avoir plus de sens...
Avec Michelet on prit foi *dans l'avenir de la patrie*
en dépit des tristesses du présent : on ne pouvait
échapper à la contagion de son enthousiasme, de ses
espérances, de sa jeunesse de cœur. » Et elle se termine par ces termes de renaissance : « Michelet l'eut
toujours dans le cœur, la jeune et vivace *espérance !*
C'est ce qui rend la lecture de ses livres si bienfaisante. Comment n'oublierions-nous pas les défauts
de Michelet, quand nous apprenons de lui à aimer,
à agir, à *espérer ?* »

Michelet a rendu l'espérance aux hommes de la

génération de Gabriel Monod. Notre génération, elle, doit retenir plus strictement encore de lui qu'il entendait « former des cœurs *et des volontés* ». Sa leçon doit être plus militante, plus mâle pour nous qui, n'ayant pas connu les fatigues de l'année accablante, ne pouvons nous borner à lui demander celle des vertus théologales et républicaines qui n'est que la vertu du repos.

CHAPITRE V

DU PASSÉ AU PRÉSENT :
LE PEUPLE A LA REVUE DU PRINTEMPS

Les autres vertus théologales sont la foi, qui dans la vie nationale se formule en action, et la charité, qui en terre française s'appelait plus proprement autrefois « gentillesse ». A parcourir nos boulevards les jours de fêtes depuis quelques années, nous éprouvons avec joie comme elles renaissent dans la foule. Je me rappelle, entre toutes, la première Revue du Printemps, il y a quelques mois. Quel spectacle lyrique, presque épique, que cette répétition générale ! Il faut en signaler ici l'importance historique. La description n'en est point dans ce livre une digression pittoresque, mais une page de vie populaire, démonstration de la nouvelle période nationale qui commence son mouvement. Avec simplicité rapportons ici les émotions qu'elle nous donna à tous et qui sont le meilleur de l'âme de notre époque parce qu'elles manifestèrent des sentiments d'une entente presque unanime. Elle marqua une belle heure du peuple, en accord avec les plus fermes pensées de notre génération.

On avait choisi un dimanche. Devant ces masses de peuple se pressant de tout Paris vers Vincennes, je pensais au rêve de l'aristocrate intellectuel, Ernest Renan, qui désignait pour avenir à la science d'inspirer les grandes fêtes nationales.

Dans le tram, le conducteur dit : « Temps de fête, Monsieur ! Et puis cette revue, ça relève le moral ! »

Les femmes ont pour cocardes au corsage de gros bouquets de violettes. Les hommes, les enfants, tous, portent lorgnette en bandoulière. C'est la foule des courses, mais sans rien de cette jovialité canaille dont s'excitent à l'ordinaire les sorties des capitales vers leur banlieue. Partout les magasins, les « Paradis des enfants » sont pavoisés. La grande avenue Daumesnil, avec des drapeaux à tous ses poteaux électriques qui transmettent la force, s'allonge indéfiniment en voie ferrée triomphale.

Dans le bois moussu, des pèlerinages de charbonniers auvergnats ; les pensionnats de jeunes filles, chevelures châtain soyeuses sur manteaux de velours ; des guirlandes d'ouvrières aux nuques limpides se faisant bras-dessus bras-dessous, avec des rires, un chemin dans la cohue ; et chaque ménage vêtu de noir fier de son officier de réserve, présent en tenue, à côté des terrassiers roussis de boue, accourus tels quels et déambulant de leurs grands pas pauvres. Par les sentes estompées de lumière brumeuse, des collégiens allant en rangs, chantant en chœur. Le long des routes, la souple, scintillante, incessante circulation des bécanes en estafettes. Les régiments d'autos immobilisés comme en revue à tous les croisements — cette exposition de la richesse de Paris déroulant la parade du luxe en force nationale. De tous côtés ronflement sourd, continu, palpitant, d'autres autos en marche. La rumeur des appels de corne dans ce bois d'hiver sonne comme un hallali de chasse moderne. Le vert espoir de l'herbe luit partout, tendre et dru. Sur les glacis campent les autobus, les omnibus à banderoles tricolores, impériales bondées, les chevaux en reconnaissance devant l'herbe de la campagne ; aux talus de la Redoute de Gravelle les haies de cyclistes se pressent, leurs machines brillantes à leurs pieds sur le gazon.

Mouvement preste, dense, joyeux, rieur dans sa volonté libre, entêté dans sa fantaisie c'est l'allègre prise d'assaut de la forêt pour atteindre la clairière, le champ, où l'armée, d'un mouvement caressant de

nuances rouges, bleues, argent, se déploie sur la pelouse en se rangeant.

Le Ciel.

A lui aujourd'hui montent, infatigablement les
yeux. Avec douceur sur la plaine s'arrondit le firma-
ment, pommelé d'énormes nuages gris, dont un soleil
orageux perle et blondit les contours déchiquetés.

La Tribune, avec ses gradins d'habits noirs, d'uni-
formes pourpres, de tentures écarlates, de toilettes
azur, évoque, de façon qui frappe, dès le premier
coup d'œil, la Remise des Aigles dans le tableau de
David. L'Empire de l'Air s'inaugure.

Sur l'immense et franche prairie — de ce vert pâle,
glissant, émouvant, qu'a souvent peint le grand Delacroix, né près d'ici, — l'immobile rayonnement des
troupes, or, pourpre, bleu, avec l'acajou et le blanc
vermeil des chevaux. compose un magnifique par-
terre de l'énergie française ; jardin de nature et
d'hommes dessiné comme par un martial Le Nôtre,
plus grandiose que Versailles. Le Donjon et sa tour,
d'une nébuleuse teinte de passé, fait penser à la
résurrection de toutes les tours de notre France féo-
dale qui revivront pour l'Empire de l'Air. Au fond
se durcit une longue ligne d'arbres d'un roux ter-
reux. Et, par-dessus cette fortification de branches,
l'indéfini crénelage de maisons superposées. aux
tuiles pâles : Paris...

Du côté où le soleil vient de percer la nue, soudain se retourne la foule, sonore, vers le premier aigle apparu. Ailes ouvertes, strident, il fond, impétueux. Paris, au loin, de ses usines fume ; le canon tonne aux parois des nuages ; l'aigle commence sa courbe.

La satisfaction est intime, digne, familière, silencieuse, et n'éclate, exubérante, qu'au moment où, l'avion rasant presque le sol, le pilote répond de sa main dégagée aux bravos du public fraternel. Instant de communion entre terre et ciel. Trois cent mille hommes sont allégrement émus, sans l'idée de provocation. Sans forfanterie la foule trouve tout naturel que nous ayons la plus-belle flotte céleste.

Coup sur coup plusieurs aéroplanes s'élèvent d'au-dessus les arbres.

— Tiens, ils sortent tous du bois, remarque un marchand de journaux.

— Eh bien, oui, mon vieux : est-ce que les oiseaux, ça ne sort pas de la forêt ? »

Renouveau de la France, renouveau de saison. Un enfant de cinq ans crie : « Je suis sûr, c'est un Blériot ! » Le télégraphiste s'exclame : « Bravo ! Je guettais : les coups de canon qui ébranlent l'air, ça ne les gêne pas ».

Un autre aéroplane s'essore en ronflant : « C'est le tambour dans l'air, papa », dit un gosse.

Et comme le grand dirigeable orangé met le cap

sur la tribune présidentielle : « Regardez-moi le beau pain de munition ! »

Pendant que le soleil peignait délicatement la foule, les aviateurs dessinaient avec génie dans les airs. Par de vastes arabesques ils jouaient à se superposer dans le cirque subtil. L'un blanc sur le ciel bleu. L'autre, poète, se perdant dans la nue irisée.

Les lycéens sont accrochés en francs-tireurs aux branches des peupliers. Des titis, pipe en bouche, signalent les dirigeables. L'*Adjudant-Réau*, évoluant soudain avec une majesté de cuirassé entre deux torpilleurs monoplans, un homme au visage de scientifique réfléchit à haute voix : « Voilà un aspect de la guerre future ».

Après le cycle aérien des aéros se développent les courbes sur terre des troupes brillantes. Tout ici scintille par cette fin de journée d'un bleu allégé où des chants d'oiseaux bourgeonnent entre les branches.

Aussitôt qu'ont commencé à onduler les dragons, étonnement de ne plus trouver ni dirigeables ni aéros au ciel :

— Ils ont disparu...

— C'était combiné, affirme quelqu'un. Ils n'ont pas voulu diminuer la part de succès des troupiers. C'est le rôle de l'armée de savoir s'effacer quand il faut.

Défilaient les chasseurs en gros bleu montagnard,

les zouaves rouges comme un couchant d'Afrique,
la Ligne avec un étincellement de baïonnettes clair
tel que miroir aux alouettes, la musique en accord
avec les résonances de soleil sur l'acier des fusils,
les cuivres des cuirasses et des tambours, l'Infante-
rie coloniale en bleu outremer, corps sombre comme
l'Armée Noire qu'elle annonce.

— Voyez-vous au milieu de la pelouse le cinéma-
tographe qui s'installe ?

— Ah ! oui ! soupire une femme, pourvu qu'il ne
rate pas ses clichés afin que l'étranger puisse juger
de notre belle revue !

Venu pour les entendre, j'écoutais les voix du
peuple qui ne se taisent pas... C'était le retour vers
Paris splendide et vibrant de son humanité en marche
par toutes ses rues, cordiale, simple, qui prolongeait
l'impression jusqu'en ce jour de dimanche d'un
chœur laborieux enthousiaste à s'accorder et certain de s'assurer, par le génie de ses savants, sa
suffisante part d'air, de ciel libre.

DEUXIÈME PARTIE

LES VRAIES FORCES

CHAPITRE PREMIER

LA FRANCE EST-ELLE EN DÉCADENCE ?

A la suite de pareilles manifestations, sans cesse renouvelées et dont le récit fait parler de la Renaissance de la France, dans tous les journaux du monde, nous sommes plus vivement portés à remettre sur le terrain de discussion la question posée si souvent en Europe et dont un hebdomadaire international, *L'Européen* de Louis Dumur, avait fait un sujet capital d'enquête :

La France est-elle en décadence ?

Cet interrogatoire avait été adressé à une centaine d'hommes d'Etat et grands littérateurs des diffé-

rents pays de l'Europe, tels que MM. Edmond
Gosse, Ferri, Max Nordau, Charles Dilke, Hardy,
Brandès, Roberty, Biornson, Edmond Picard, Lemonnier, Novicow, Verhœren, Estevanez, Gomez
Carrillo, Wells, Domela Nieuvenhuis, Altamira,
Frédéric Passy, etc. Presque à l'unanimité les réponses furent favorables à la France, et celles qui
s'avouèrent en partie défavorables n'objectaient pas
de critique sérieuse, spéculant sur une argumentation solide.

Mais, en éprouvant quelque satisfaction de voir se
conclure heureusement, devant un public étranger,
l'enquête dirigée dans un esprit international par
L'Européen, nous ne devons pas nous contenter de
ce laissez-passer accordé assez rapidement par les
écrivains ou les hommes politiques des autres pays.
Pesons que le texte de maintes réponses peut
suggérer de sévères réflexions qui, sans être décou-
rageantes, doivent nous presser de ne pas nous en-
dormir dans un optimisme au moins prématuré.

I

DE LA RICHESSE

Tout d'abord, il ressort que les réponses les plus enthousiastes nous viennent de l'Angleterre. Nul ne doutera de leur sincérité, mais elles ont été rédigées au lendemain de la signature de l'accord : les Anglais ont le tact le plus diplomatique ; ils se sont avisés à l'envi qu'une dissonance eût été malséante.

D'autre part, toute l'Europe n'accuse-t-elle pas l'Angleterre d'entrer précisément dans la période de la décadence, à la suite d'une trop pleine prospérité où elle se congestionna ? D'après les livres récents les mieux renseignés sur l'Angleterre et particulièrement *L'Angleterre et l'Impérialisme*, de M. Victor Bérard, où, chiffres et documents officiels anglais à l'appui, un esprit très sagace et circonspect mène une enquête abondante et précise, s'avèrent la décadence du commerce anglais et la banqueroute prochaine de certaines industries. Nous y reviendrons, mais ne sentons-nous pas déjà qu'ils prévoient que sur l'Angleterre aussi on leur posera bientôt la même question, quand sir Charles Dilke se borne à répondre : « Non, cent fois non » ; quand sir Horward Vincent, aide de camp de S. M. britannique, répète : « A cette question, il n'y a qu'une réponse : non, non, mille fois non », et M. James Bryce : « Non, mille fois non ? » Sir Lawrence Alma Tadema écrit : « J'aime la France et il *me ferait trop de peine* de devoir admettre qu'elle est en décadence. *Aussi* je n'en crois rien ». Dans la réponse de sir Gilbert Parker, on voit percer la raison de ces opinions flatteuses : « *De même que d'autres nations*, la France est en train de passer par une période de bouleversement, mais cela est dû aux impulsions extraordinaires du *développement scientifique et industriel* ».

Que l'on dépouille les autres réponses : presque toutes s'appuient, pour prouver que la France est en plein florissement, sur ceci qu'elle est le pays le plus riche.

Singulière appréciation, présomptueuse prévoyance, et qui décèle combien le sens moraliste, sinon le sens moral, est lui-même en décadence ! Ne jugeons-nous pas tous les jours, quand nous considérons les gens qui vivent autour de nous, que dès qu'ils ont acquis la richesse et surtout lorsqu'ils naissent nantis d'héritages, les facultés d'activité, de progrès s'amollissent, se dégradent ou s'anéantissent ? Nos romanciers, depuis Zola jusqu'aux plus légers conteurs n'ont-ils pas montré où la jouissance avait conduit la bourgeoisie ? Ce qui est vrai des individus n'atteint pas moins les peuples. Après les Hollandais du xviie siècle, les Anglais du xixe nous le prouvent. Une des plus fortes pages de M. Bérard est celle où, l'historien s'aiguisant d'un psychologue minutieux, il accuse avec vivacité ce qui a causé la ruine du commerçant anglais : celui-ci oublie que par la pauvreté et la tempérance s'était accomplie la prospérité de son grand-père au commencement du siècle, et il ne va plus à son bureau qu'à des heures tardives, après l'affadissement d'un trop long sommeil ; il en sort tôt pour des repas copieux de viandes saignantes et de vins alcoolisés ; il s'attarde à des soirées énervantes dans des villas luxueuses ; il a pris dans l'habitude de la richesse celle du commandement, où se perd toute souplesse. Résultat : en vingt ans, le commerce allemand, souple, obéissant, prévenant, voire quémandeur, a presque partout évincé le commerce anglais, routinier et arrogant.

Nulle part plus qu'en ce moment, où sauf un tous les pays nous sourient, où pour nous modérer nous ne sommes plus contraints par l'appréhension de la

guerre, un tel exemple s'impose à méditer et particulièrement pour le Midi, plus prospère, et où la vie
s'offre plus douce, plus voluptueux aussi le repos.
La richesse peut être un signe de prospérité, mais elle
est la première cause de décadence. Ce n'est pas
une cause très active dans un pays où la reproduction n'est pas restreinte, mais nous savons que, au
contraire, en France elle se limite plus que partout
ailleurs. Trouvons nous heureux de constater que
notre pays a le respect et même l'admiration des
autres nations, mais prenons d'autant plus garde à
ne pas périr par notre propre grandeur ! C'est un
peu ce que la France aristocratique se marquait
par son précepte : *Noblesse oblige* ; c'est ce que
la bourgeoisie doit se formuler par un nouveau
précepte : *Richesse oblige*. La féodalité, par ses institutions militaires et religieuses, s'astreignit à mettre
son épée au service du droit et des faibles, et, tout
entière, s'envola du plus doux pays pour aller dé-
livrer la Terre Sainte : que d'œuvres sociales, —
Terrestre Royaume de Dieu —, où la bourgeoisie
dépenserait une sage part de ses revenus ; que de
terres sacrées à affranchir ! Slesvig, Finlande, Pologne, Irlande, Catalogne, Alsace-Lorraine, terres
dont l'humus est fait de consciences foulées, terres
toutes chaudes et vivantes de morts immortels, terres
de beautés aveuglées !

II

DES ÉNERGIES OU DE LA FURIE FRANÇAISE

Que nous cherchions donc la grandeur de la France
dans d'autres ressources ! Analysons d'abord ce que
signifient les énergies françaises. Un livre de syn‑
thèse nous en réserve la meilleure occasion : car
un livre peut être pour nous un document d'une
époque aussi important qu'une enquête ou une fête
comme la revue du printemps. Il est lui aussi une
palpitation, une palpitation de la vie d'une nation.
Ici s'inscrit la pensée d'une élite comme là ma‑
nifestait l'âme instinctive de la foule.

Patrons et ouvriers français n'ont pas une trop
complaisante presse littéraire depuis quelques
années. Le génie particulier de notre activité natio‑
nale a suscité plusieurs critiques sans âcreté, mais
âpres, profondes, pénétrantes, d'où l'on peut es‑
sayer d'élaborer quelques principes directeurs —

plus urgents — de morale sociale pour notre race.

Je ne fais pas allusion à *La Barricade* de M. Paul Bourget, encore qu'il convienne de la rappeler. Mais, en même temps M. J.-H. Rosny aîné a publié *La Vague Rouge* (1) où se condensent ses études persévérantes sur l'organisation syndicaliste révolutionnaire, les jaunes, leurs rivalités, les grèves et les agitations des rues, œuvre puissante d'observation et d'exposition, kermesse épique des mouvements plébéiens, — et M. Paul Adam édita *Le Trust*, œuvre colossale et rugueuse comme le Balzac de Rodin, où se dresse dans une masse tourmentée et superbe sa conception du monde, sa philosophie du travail contemporain.

Là s'offrent deux livres maîtres qui ont exigé de leurs auteurs de nombreuses années de documentation spéciale et sont l'effort le plus considérable qu'ils aient réalisé depuis longtemps. Grands romanciers, démocrates sans pessimisme de complicité, ils méritent l'examen le plus attentif des républicains. Et une analyse de psychologie ethnique s'impose :

L'esprit français,... l'intelligence, le sentiment amoureux, la forme d'altruisme, l'énergie industrielle, l'activité sociale des Français s'opposent et se comparent de point en point à ceux des Améri-

(1) Plon, éditeur.

cains dans la magnifique composition à laquelle
M. Paul Adam a donné le titre de *Le Trust*. C'est
un vaste roman d'affaires qui se trame sur les plan-
tations et les mines de Cuba, les usines et les railways
des Etats-Unis, les exploitàtions électriques du Dau-
phiné, la vallée cotonnière d'Egypte par l'association des capitaux européens et yankees. Il est digne de
« remuer » la sympathie d'un public à qui l'on sert
trop exclusivement des ragots d'amour, sujet médiocre en général remâché avec indolence par la
plupart des jeunes écrivains et le plus nuisible à
notre race. Une prodigieuse connaissance des questions économiques les plus importantes en ces pays
s'y atteste fastueusement, provoquant un lyrisme
impérieux.

Il n'est point seulement le prétexte à de lumi-
neux tableaux de civilisations coloniales que développe la mise en exploitation des Antilles, des Al-
leghanys, des alluvions du Nil, des chutes d'eaux al-
pines : là s'étreignent les passions diverses des
Espagnols, des New-Yorkais, des nègres, des mon-
tagnards européens, des Abyssins et musulmans,
grouillent les foules tentaculaires. Les émigrants accourent, campent ; le commerce s'improvise ; la
Place se forme ; la Ville naît ; des lacs sont vidés ;
des montagnes s'éventrent ; les accidents se dé-
chaînent, puis les paniques monstrueuses, la fièvre
jaune, lynchages, suicides, folies, sabotage criminel,

triomphes meurtriers. Cependant, *au rythme du travail* déterminé par les appétits, les amours s'entrelacent, les égoïsmes s'effondrent, les trahisons déchirent les œuvres collectives, les élites jouissent avec un luxe orgueilleux, les masses peinent. *Le Trust* nous offre avant tout l'occasion de raisonner sur la valeur de notre progrès.

Nous autres Latins, Français, savons-nous bien ce que pensent de nous les Anglo-Saxons des Deux-Mondes, et que pesons-nous vraiment en face d'eux ? Notre individualisme brouillon nous jettera-t-il à la faillite dans la concurrence avec ces peuples méthodiques, avides, solidement organisés par un génie d'association intense et expansive ? Notamment nos socialistes vont-ils ruiner l'industrie française au bénéfice de la camelote germanique comme l'affirment les personnages yankees de M. Paul Adam, les *promoters* de l'Union et du Canada interrogés encore par M. Jules Huret (dans les enquêtes de ses deux livres substantiels sur l'Amérique du Nord qui le conduisirent, aussitôt, logiquement à d'autres enquêtes sur l'Allemagne) ?

Quoi qu'il en soit, nous sommes affectés de défauts apparents. Voici ceux que, comme à M. Huret, les Yankees les plus amoureux de Paris et des Pyrénées signalèrent à M. Paul Adam entre les plus choquants. Tout d'abord l'incurie physique : peu d'hygiène, peu d'exercices gymnastiques, des corps mal lavés, des mouchoirs tachés d'encre, des bureaux de commis couverts de mangeaille. Au mental comme au physique nous ne daignons nous « entraîner toujours pour le mieux », selon la formule d'outre-mer : paresse crasseuse des ouvriers révolutionnaires, inertie routinière des syndicats comme des patrons — dénoncés aussi par J.-H. Rosny aîné avec la plus pittoresque éloquence dans *La Vague Rouge*, par Lucien Descaves dans ses polémiques. Ensuite désordre : nous mêlons tout, travail, amour, réfection physique, morale domestique ; nous concluons nos affaires en bavardant et en mangeant, ce qui est aussi mauvais pour la digestion que pour la bonne gestion. Puis inintelligence politique : tandis que le désir du gain, l'élan vers le record sont les *excitements* des Anglo-Saxons, les haines avant tout excitent les Latins : des ouvriers dauphinois préfèrent se soumettre aux patrons plutôt que de pactiser avec les émigrants piémontais ; un meneur socialiste se laissera entraîner par goût de l'éloquence à couvrir d'injures impropres un patron dont il reconnaît et pourrait exploiter l'intelligence ; les patrons dédaignent de convaincre, comme procèdent les Américains, les meneurs d'émeutes dont ils pourraient capter et utiliser l'énergie.

Les poux de notre démocratie ce sont les petits mépris bêtes que nous nourrissons les uns pour les

autres (et que le marxisme a entretenus avec sa
routinière Lutte des Classes) quand nous ne sommes
pas du même parti. Malpropreté sociale connexe à
la malpropreté physique qu'avec ses héros M. Paul
Adam vitupère dans ses pages ardentes, colorées, so-
nores, mettant la sonorité de l'éloquence méridionale
au service de la clarté des idées septentrionales dans
un livre de synthèse grandiose. Alors que nous
sommes le peuple doué de la plus naturelle et jolie
sympathie pour les autres peuples, nous nous
montrons, entre nous, irritables et hostiles les uns
aux autres. Nous ne savons pas plus associer nos
divers éléments provinciaux que nos classes sociales.
Nation formée de méridionaux et de septentrionaux,
nous pourrions combiner leurs énergies souvent op-
posées et, comme l'amour s'approfondit d'une rivalité féconde, les combiner, les fondre en une force
française qui alliât à notre sage patience le goût du
rendement le plus intense.

III

LES INTELLECTUELS ET LA RÉFORME NATIONALE

Après les épreuves subies au xixe siècle, nous avons cru salutaire, pour nous fortifier, de transformer notre caractère et de le mettre à l'école de l'individualisme anglo-saxon. Ces dernières décades, nous nous y appliquâmes comme à la seule gymnastique supérieure de la volonté ; et nous crûmes avoir là trouvé une discipline de résurrection. Soudain le réveil exemplaire des peuples balkaniques montre à l'Occident étonné la renaissance, les victoires, le triomphe assurés à plusieurs nations par la sensibilité — comme la nôtre autrefois — la moins individualiste, par notre ancien idéal, par notre principe des nationalités.

L'individualisme, ce « surhumanisme » artificiel de la conscience qui s'excite avec des stupéfiants, cette hystérie intellectuelle de l'égoïsme, peut paraître quelque temps tonique pour les organismes défaillants. Mais il contrarie la formation et l'extension de tout vaste mouvement littéraire et artistique, de toute noble œuvre collective, de toute action humanitaire ralliant l'ensemble d'une génération, au moment même où s'agitent le plus de talents, où tous éprouvent le besoin d'un effort magnanime en lequel se synthétisent les ambitions moyennes, où nous sentons que, possédant d'aussi fins artisans ou même chaleureux artistes, nous n'avons plus un Michelet, un Quinet, un Lamartine, un Victor Hugo, expansifs cœurs français, grandes voix européennes. Ils étaient d'une phalange !

Chez les races anglo-saxonnes, l'individualisme peut être le contrepoids nécessaire de l'impérialisme mercantile ; mais chez nous ? Chez nous, dont l'impérialisme n'est que de propager la fraternité ! Chez nous, qui n'ambitionnons qu'affranchir des peuples de la servitude, qui acceptons le devoir de libérer des frères !... Tant que, selon la doctrine du faux philosophe Nietzsche, l'individualisme continuerait de fasciner nos élites, nous n'aurions à espérer aucun *risorgimento*.

Non plus aucune hégémonie en Europe pour notre libéralisme. La France est le pays où abondent les pensées altruistes, les intelligences les plus avides de collaborer par leurs dévouements au progrès international ; mais l'action de nos intellectuels, éparpillée dans vingt comités particularisés et dix bulletins à petit tirage pour la défense des droits des peuples demeure à peu près nulle parce qu'elle se résout à une poussière d'individualisme.

Partant, elle se trouve sans autorité sur l'Etat comme sur la foule.

Les lois continuent d'être faites seulement par les agitateurs électoraux. Les publicistes étrangers seraient malavisés de juger de notre décadence d'après elles ! A côté des lois qui favorisent des intérêts électoraux immédiats, la masse désire des lois morales — que lui obtiendront les élites quand elles se concerteront : des lois nouvelles sur la famille, le mariage, les tuteurs et les héritages, par exemple, constitution correspondant aux dangers nouveaux qui circonviennent la démocratie. Pour elles, par un sentiment foncier des devoirs qui n'est nulle part plus courageux, la nation ne rechignerait jamais aux charges supplémentaires. Là réside la principale force.

Que devant l'imminence de ces dangers, les intellectuels aussi s'inquiètent, qu'ils se soucient de diriger la réforme sociale, là apparaît une autre ressource.

Significatif est-il que s'y emploient non seulement de grands écrivains sociaux comme les Margueritte, successeurs désignés de Zola, parfaitement appelés par leur œuvre à entreprendre leur campagne avisée

et pressante pour le mariage libéré, mais un byzantin comme Pierre Louys, qu'il sorte de sa voluptueuse retraite d'artiste pour écrire, lui qui écrit peu,
une série d'articles en faveur de la repopulation. Vifs,
éloquents, généreux, spirituels, illustrés de faits,
ces articles — réunis dans le volume *Archipel* chez
Fasquelle — forment un dossier documentaire autant qu'un pamphlet contre la politique opportuniste (celle qui ne se préoccupe que des intérêts des
comités électoraux.) Ils exposent pour conclusion ni
plus ni moins qu'un projet de loi articulé : voilà qui
indique bien encore que notre anarchie d'apparence,
chez les intellectuels ou le public lettré, couve une
activité avide de s'ordonner en lois.

Et vraiment, autant au point de vue national —
— quand on considère qu'il naît en France
800.000 enfants contre 1.600.000 en Allemagne —
qu'au point de vue humain, il est urgent d'employer au moins la moitié des économies réalisées
sur les clergés à développer l'Assistance Mater-
nelle, à créer sur toute l'étendue du territoire
des nourriceries d'enfants assistés. Ces institutions
sont trop rares en province, et à Paris même
on recueille la mère trois jours seulement avant
l'accouchement en tâchant de la mettre dehors le
huitième ; encore n'accepte-on point les enfants de
celles qui n'ont pas dix mois de résidence !

Pour cela s'exigent évidemment des ressources,

surtout si l'on supprime les frais de mariage comme aux Etats-Unis, et la Séparation n'en donnera point de suffisantes. Il faudra recourir, quoi qu'en pense M. Louys, à l'impôt sur le célibataire, au moins sur celui qui a un certain revenu : il est juste. Il faudra surtout relever les contributions sur les objets inutiles, tels les chiens qui remplacent les enfants dans tant de ménages bourgeois ; sur mille objets, tels les phonographes qui accablent les échos, des moindres rues parisiennes aux forêts de Madagascar, et qui peuvent être taxés d'autant plus lourdement qu'ils ménagent une économie au détriment des théâtres. Les projets n'ont point prévu davantage certaines formes de revenu, tels la pièce ou le livre à gros succès. Enfin il est temps que l'Etat recueille tous les héritages en ligne collatérale qui n'ont point été légués par testament, car les romanciers sont unanimes à observer que neuf fois sur dix ils échoient à ceux à qui ils n'étaient pas destinés.

Ne nous laissons pas dominer par l'appréhension de créer de nouveaux impôts. Et comme le parti socialiste unifié consacre son plus pressant effort aux lois sur les retraites ouvrières qui passionnent les électeurs, il appartient au parti qui est au pouvoir de faire les lois qui réforment le mariage et intéressent l'enfant quoi qu'il ne soit pas électeur.

Afin de populariser de telles lois qui briment nos individualismes au profit du progrès collectif, d'un développement national, l'initiative des Louys, des Margueritte demande d'être soutenue par l'accord, par une campagne des intellectuels. A ceux qui nous dénigrent à l'extérieur, nos amis, pour affirmer que nous ne sommes pas en décadence, célèbrent la magnificence de notre littérature et de notre art ; mais, pour que nous méritions pleinement ces éloges et cette confiance, ils nous avertissent que pour eux la plus éloquente beauté de notre littérature et de notre art sera toujours de s'appliquer pratiquement à réformer les mœurs comme au xviii⁰ siècle Rousseau et Bernardin, à préparer et favoriser les législations, aussi utiles au pays que la science d'un Pasteur.

CHAPITRE II

LA MORALE OFFICIELLE, LE BONHEUR INDIVIDUEL ET LA REPOPULATION

Tandis que nous nous attachons à analyser la situation présente de la France dans la préoccupation d'évaluer si elle est ou non en décadence, nous butons, ici, au problème capital. Un homme vaut avant tout par sa puissance de création, notamment de la création essentielle : la reproduction. On ne propose guère d'exception à cette règle que pour l'artiste : encore s'agit-il là plutôt pour lui d'une excuse, fût-il un Beethoven ; on ne saurait l'admirer d'être resté célibataire, on le plaint, le pauvre prophète qui jamais ne rafraichit son visage aux eaux pures de la Terre Promise. En va-t-il des nations comme des hommes ? Certaines, ainsi la France, doivent-elles être traitées en artistes à qui la stérilité serait permise, sinon recommandée ? La grandeur, le bonheur d'une nation peuvent-ils provenir de la limitation des naissances, ces autres armements ?

De ce que nous vivons depuis quarante ans en république pacifique et pacifiste, opportuniste jusqu'à vouloir pratiquer la « politique d'association » avec les socialistes comme avec les indigènes des colonies, on n'a jamais tant écrit de livres sur le Bonheur. Rien n'étant plus relatif, quelle notion s'en forme-t-on donc aujourd'hui ! Et comment prétend-on bien y arriver ? Sur quoi le veut-on fonder en France, pour la nation et pour les individus, maintenant que les anciennes morales groupent de moins en moins d'adeptes ? Notamment les maîtres de l'Université radicale ont-ils su depuis 1870 constituer sur le patriotisme une conscience de devoirs et de droits modernes assez catégoriques, puissants et radieux pour donner les grandes joies spirituelles avec des satisfactions matérielles ?

LA CONCEPTION DU BONHEUR

Comme par une fièvre d'adolescence en cette première décade d'un siècle avide d'inventions, romanciers et critiques multiplient les enquêtes et les rêveries de haut vol sur le bonheur prochain. Le sceptique Anatole France se complaît, au lendemain de l'affaire Dreyfus, à instaurer les Salentes socialistes dans des songes caressés de belles filles en complet aéronautique (1). Mæterlinck (2) cultive les fleurs intelligentes pour les abeilles altruistes, enrichissant l'humanité d'un nouvel art du jardinage fertile en satisfactions égalitaires. Jean Lahor, adaptant pour les municipalités lyonnaise et parisienne les utopies de W. Morris et de Paul Adam,

(1) Anatole FRANCE, *Sur la roche blanche*, Calmann-Lévy, 1907.

(2) Maurice MÆTERLINCK, *La Vie des abeilles ; — L'intelligence des fleurs*, Fasquelle, 1908.

persuade nos édiles d'élever des restaurants à bon
marché décorativement ornés de modern style et,
par la lanterne magique de la presse illustrée et
des conférences à projections, en promène la vision
enchantée dans tous les ménages bourgeois des
villes modiques. Paul Adam (1), plus optimiste
qu'au temps des *Cœurs nouveaux*, distribue les
Morales d'énergie dispensant les joies maîtresses
d'activités opulentes. Demain sans doute J.-H. Rosny,
après nous avoir suggéré le retour à des civilisations naturistes où abondèrent les fortes félicités,
nous construira quelque cité nomade d'aviateurs,
rajeunis par un air plus oxygéné, plus vifs à jouir
et émerveillés à capter pour des émotions impré-
vues les ressources et les grâces des nuages et des
brises. Mais tout cela n'est que littérature d'imagination. Il est plus significatif de voir éditer des ouvrages didactiques sur le Bonheur.

Entre autres livres récents (2), *la Science du
bonheur*, de M. Jean Finot (3), s'offre à l'examen
de ceux qui désirent connaître le fond de la pensée
et la nature des aspirations des libéraux. Après

---

(1) Paul ADAM, *Cœurs nouveaux*, Ollendorff; *Lettres de
Malaisie*, Fasquelle.

(2) Paul GAULTIER, *l'Idéal moderne*, Hachette, 1908. — A
la librairie Alcan a paru aussi un livre sur *L'Idéal du
XIX⁰ siècle ou le rêve du Bonheur depuis Rousseau et Bernardin de Saint-Pierre*, 1908.

(3) *La Science du bonheur.* Juven, éd. 1909.

avoir bataillé pour la concorde de tels grands peuples européens dont il attend la pacification de l'Europe, il a publié *le Préjugé des races* et une *Philosophie de la longévité* qui précède logiquement sa *Science du bonheur* et nous en éclaire les origines. C'est un document d'autant plus représentatif que les opinions du directeur de la grande revue radicale sont soutenues par les avis des plus notoires laïques. En effet, considérons-le, les Nordau, les Brandès, les Lombroso en ont à l'étranger vanté les principes ; après M. Jules Claretie, de l'Académie française, qui y voit un des ouvrages les plus importants de ces dernières années, M. Gabriel Monod, de l'Institut, expose que « ce beau livre, ayant montré admirablement la vanité de tous les raisonnements basés sur l'histoire des peuples européens, mérite d'être lu et médité par tous les historiens ». Nous voici déjà un peu fixés à l'avance sur l'esprit de la « trilogie optimiste » de M. Jean Finot et de notre temps.

Pour lui comme pour Nordau et Brandès, comme pour les membres précités de l'Institut et la plupart des leaders de notre Parlement, le bonheur est d'ordre matériel et dépend du progrès. D'ailleurs ce n'est point là « le matérialisme grossier » du xviiie siècle si souvent attaqué : il s'est idéalisé par le rationalisme des républicains de la Révolution et de 1848. Il s'est tout d'abord épuré du préjugé de

10.

la fortune : une des choses dont on a le plus de gré à M. Finot dans un pays qui ne se perdra que par sa richesse, c'est de s'être élevé contre elle dans son livre de « morale domestique ». « La croyance au bonheur par l'argent, formule-t-il pittoresquement, ressemble à la tradition, si répandue au Moyen Age, des caresses glaciales du diable. Toutes les femmes accusées de sorcellerie étaient unanimes dans leurs aveux. Les soirées passées avec Belzébuth manquaient de charme. Ses étreintes étaient mortellement froides. Ces plaintes reviennent chez toutes les maîtresses d'une nuit du diable. Il était beau et irrésistible, mais ses baisers glaçaient d'épouvante. » L'auteur voudrait qu'on ne cessât de répéter aux enfants qu' « à notre époque la richesse ne nous satisfait jamais, qu'elle crée l'inquiétude, le mécontentement et donne à ses élus une soif qui n'est jamais éteinte. Qui oserait douter que les jeunes êtres ainsi transformés ne sauraient résister davantage aux influences fâcheuses de la vie? »

Combien de temps notre démocratie mettra-t-elle à se libérer du préjugé social de la richesse ? En tout cas elle s'affranchit déjà du préjugé littéraire du pessimisme. Nous avons profondément évolué depuis la Restauration et Louis-Philippe : le pessimisme routinier des naturalistes ne dut son développement qu'à de grands désastres, vite oubliés.

Une partie très bienfaisante du livre de M. Finot est une campagne contre le pessimisme, si déprimant pour les nouvelles énergies de la France, ainsi que l'a démontré avec une fervente constance un autre moraliste démocrate, M. Paul Adam (1). Nous ne sommes malheureux que par suggestion : « L'homme désire vivre longtemps et il aspire au bonheur : pourtant il ne vit en réalité qu'une parcelle minime de sa vie et se nourrit patiemment de malheurs qu'il se crée de son plein gré ou qu'il se laisse imposer. » La littérature a exercé la plus néfaste action sur le public :

Voici un peuple gai et de philosophie douce. On lui attribue la conception de la vie la plus riante et la plus harmonieuse. C'est le peuple français. Pourtant il suffit de s'arrêter devant ses esprits représentatifs pour les voir rongés par tous les maux, en commençant par celui de penser et en finissant par celui d'aimer : Stendhal, Taine, Baudelaire, Leconte de Lisle, Sully-Prudhomme, Renan, Goncourt, Zola, Maupassant, Anatole France.

Et l'auteur rappelle encore Corneille, Racine, Bossuet, La Rochefoucauld, La Bruyère, Vauve-

____

(1) Paul Adam, *La Morale de l'éducation*, Flammarion, 1908 ; *La Morale de Paris*, Ambert ; *La Morale des sports*, librairie Mondiale ; *Les Impérialismes et la morale des peuples*, Boivin ; *Les Disciplines de France*, Vuibert et Nony, 1909.

nargues, Chamfort, Voltaire. Voltaire, le plus pondéré, le plus attaché à la vie, énonce avec gravité.

Le bonheur n'est qu'un rêve et la douleur est réelle... Les mouches sont nées pour être mangées par les araignées, et les hommes pour être dévorés par les chagrins.

« De toutes les cimes de la pensée française, conclut M. Finot, dans son livre synthétique qui recueille heureusement les sentences les plus autorisées, se dégage la tristesse de la désolation. » Or, il n'est même pas vrai de prétendre, avec Musset, que la douleur soit un maître qui exerce les facultés de l'homme pour en obtenir la plus grande activité. Nos ouvriers attendent plus de bienfaits de la réduction de la journée à 8 heures de travail que des mortifications auxquelles les soumet pastoralement le capitalisme. La santé, le bonheur, l'optimisme seuls sont féconds aux yeux des laïques.

Tout crie à l'homme que les calomniateurs de son bonheur ont tort. Cette voix intérieure est plus forte que les déceptions réelles des infortunés ou les boniments des courtisans du néant. L'optimisme pénètre notre vie comme l'espoir de réussite et de bonheur nos actions.

Ruskin affirme que la volonté de Dieu est que nous vivions par le bonheur au profit de la vie de nos frères, et non point par leur misère et par leur mort : les hommes s'entr'aident par leurs joies, mais non point par leurs tristesses. John Lubbock fait de la joie un devoir élémentaire de l'homme moderne :

Nous devrions être aussi joyeux que possible, parce qu'être heureux soi-même est une méthode excellente pour aider au bonheur des autres.

Mais comment être heureux ? Le deviendra-t-on simplement par la diminution des tâches sociales ? Sur ce point les moralistes de la démocratie se distinguent de ses politiciens. Après Zola, M. Jean Finot fonde le bonheur individuel sur la consolidation et le développement de la famille. La bonté, la charité donnent des satisfactions graves ; les joies vives et rayonnantes ne viennent que des enfants. Contrairement à ce qu'ont avancé tous ses détracteurs, la morale démocratique ne dissocie pas la famille.

Du haut en bas de l'échelle sociale, il n'y a aujourd'hui qu'un seul cri : rendons plus heureuse la vie de famille (1).

(1) Concernant le sentiment sur la famille du XIXᵉ siècle, cf. BALZAC, *Histoire de deux jeunes mariées* ; MICHELET, *L'Amour, la Femme, le Prêtre* (et la famille) ; LE PLAY, *passim.* ; P. BOURGET, *passim* ; ZOLA, *op. cit.*, J.-H. ROSNY, *Nell Horn, Marc Fane, Contre le sort, Sous le fardeau, La Charpente.*

<h1 style="text-align:center">II</h1>

DE QUOI DÉPEND LE BONHEUR DANS UN PAYS?

Mais comment conçoit-on le bonheur de la famille : faut-il qu'elle soit restreinte ou nombreuse? Ici se pose net la question de la dépopulation, à laquelle se rattache celle de l'amour libre.

Une considération domine tous commentaires ; l'abaissement actuel de la famille, la décroissance de la natalité ne sont point le fait de la démocratie, mais l'œuvre, systématique, de la bourgeoisie, grande et petite. Cela se trahit jusque dans la confidence que font de leurs préoccupations les plus nobles écrivains issus de cette classe, tout autant que par l'inertie de ses politiciens. Ainsi, tandis que, depuis la promulgation de la nouvelle loi Lemire, sur les mariages, le nombre des unions légitimes, rien qu'à Paris, s'est accru d'un cinquième, *pour la plus grande partie dans les quartiers pauvres* (1), tandis que les conférences *populaires* sur la Dépopulation et la repopulation se multiplient, ce sujet continue à laisser à peu près indifférents les écrivains malgré l'exemple de Zola, dont *Fécondité* mérite les honneurs d'une édition nationale.

Dans l'enquête sur *le Mariage et le divorce de demain* (2), de M. Henri Coulon et de M. René de Chavagnes, gros livre condensé et pourtant vif, disert et très érudit, fort ingénieux à plaider la cause du mariage le plus libre possible mais aussi le plus sûr, on est surpris de noter que les littérateurs et féministes éminents se préoccupent avec une énergie enthousiaste de libérer l'amour, mais que, en voulant rendre les unions plus faciles, ils ne songent jamais au développement de la population française. Rien ne choque davantage à l'heure même où les circonstances diplomatiques autant qu'un idéal pacifiste judicieux le font également souhaiter en face de l'Allemagne prolifique et, quoi qu'on puisse dire, en grande partie militariste et impéria-

(1) Jacques BERTILLON, dans *Le Journal.*

(2) *Le Mariage et le Divorce de demain,* Flammarion, 1909. Cf. sur la même question, parmi les publications les plus récentes, *Le Divorce,* de Paul MARGUERITTE, dans les *Documents du progrès,* Alcan, 1909. L'éminent écrivain a d'ailleurs mené la plus énergique campagne en faveur de la libération du mariage dans *Le Journal* et *La Dépêche de Toulouse.*

liste. *Aimer* les passionne, *créer* les laisse froids, comme s'il pouvait exister du bonheur sans fécondité. Dans un autre livre remarquable (1), suscité par l'enquête de M. Coulon, un des plus fins esprits critiques de ce temps, M. Léon Blum, disserte subtilement sur le mariage en n'invoquant jamais que l'expérience des couples stériles, comme si la procréation n'était plus la principale garantie de l'union.

Notre élite représenterait-elle une élite de décadence ? Pour un homme sain et puissant, en effet, l'idée de l'amour s'accomplit toujours dans la volonté — consciente ou non — de la procréation ; et la formation d'une famille constitue sa plus grande fierté de vivre, son honneur patriotique. Quoi qu'en puissent penser après Coppée les législateurs du nationalisme, il n'est point sincèrement et courageusement patriote celui qui se refuse à engendrer et il ne mérite aucune dignité civique ; il ne saurait avoir droit qu'à des satisfactions professionnelles.

La Commission de réforme du mariage, dont il a été quelquefois parlé, avait réuni MM. Paul Adam, Henri Bataille, Jules Bois, Armand Charpentier, Lucien Descaves, Jean Finot, Léopold Lacour, Maurice Leblanc, Sébastien-Charles Leconte, Lucien Le

(1) Léon Blum, *Du Mariage*, Ollendorff, 1907.

Foyer, Pierre Louys, Maurice Maeterlinck, Magnaud, Paul et Victor Margueritte, Octave Mirbeau, Charles Morice, Marcel Prévost, Jules Renard, J.-J. Renaud, J.-H. Rosny, Séré de Rivières, C.-M. Savarit, Dr Toulouse, Octave Uzanne.

On a publié le texte de leurs discussions et de leurs réponses (1). Aucun de ces écrivains n'y a attesté quelque souci de voir s'accroître le chiffre de la population française. Seul, le maire-anarchiste, M. Jules Renard, exprima cette inquiétude sous une forme d'utopie humoristique en proposant de décerner une médaille de mérite aux filles-mères. A part lui, il n'y a guère que le poète Sébastien-Charles Leconte, socialiste patriote, esprit très élevé, idéaliste mais aussi très heureusement positif, qui traite sérieusement la question. Juriste (il est président du tribunal à Dôle), il déclare :

Dans la situation actuelle de la France et de la société française, le seul point important est la crise de la natalité aggravée par la mortalité enfantile, et l'éducation stupide donnée aux enfants qui naissent encore, aux plus rares survivants. La France est mourante. Il faut faciliter le mariage parce que l'union libre est généralement inféconde.

Par contre, tandis que quelques-uns — MM. Finot

______
(1) *Le Mariage de demain, op. cit.*

et Louys — réclament la protection de la mère, non seulement certains se prononcent délibérément contre la recherche de la paternité, mais même estiment qu'il n'importe de protéger la mineure. « La femme rendue mère, dit M. Paul Adam, ne doit s'en prendre qu'à elle-même de l'aventure. Elle a consenti. Les conséquences lui doivent incomber. » M. Pierre Louys demande d' « accorder les droits du mariage à tout couple qui exprimera librement la volonté de s'unir devant l'officier de l'état civil, sans frais, sans délai, sans production de pièces et *sans - aucune soumission* au consentement d'un tiers. » M. Léon Blum, dans ce livre hardi et éloquent sur *le Mariage* qui a affronté tant de controverses, désire qu'on laisse aux jeunes filles la liberté de l'amour sans garanties. C'est ne tenir nul compte de ce que peuvent devenir leurs progénitures : c'est négliger, au détriment de tous, d'assurer le bonheur individuel par le respect des intérêts du prochain, sans quoi ne subsiste pas plus de morale « libre » laïque que de morale religieuse.

Une autre idée se fait jour avec M. Lucien Le Foyer, celle du mariage à terme. Déjà, il y a cent ans, Maurice de Saxe, le grand-père de George Sand, préconisait le mariage de 3 à 5 ans. Il semble que cette mesure n'ait point assez sérieusement retenu l'attention studieuse de la commission, non plus que celle des féministes, parce qu'elles inclinent de préférence à la solution anarchiste de l'union libre. A mon arrivée en France, il y a dix ans, j'avais été frappé de la situation extrêmement douloureuse de la jeune fille dans la bourgeoisie parisienne, j'avais remarqué quelle difficulté éprouvaient à se marier même les jeunes filles riches dans notre immense capitale où, en réalité, on a bien moins de relations qu'en province, et j'en avais tiré le sujet social de mon premier roman *Les Vies Parallèles* : j'y montrais ce qui, surprenait le plus dans Paris mes yeux d'exotique. Evidemment, une des causes qui troublent davantage la société, c'est la juste aigreur des innombrables demoiselles qui ne peuvent pas se marier (1). Combien, certes, préféreraient au célibat déprimant, presque déshonorant, à la consomption — qui tue tant d'êtres stériles — un mariage de trois ans avec le droit de garder et d'entretenir, même exclusivement à leurs frais, les enfants qui en seraient issus ! Celui qui a quelque peu causé avec les jeunes filles sait que, dans toutes les classes, très fréquemment dans la bourgeoisie, un grand nombre d'entre elles désirent avant tout dans le mariage l'enfant.

On ne peut se permettre aujourd'hui, dans

(1) Nous avons trouvé depuis dans Meredith cette pesante sentence : « Dans les Indes on sacrifie les veuves ; en France, ce sont les vierges. »

une France qui se dépeuple et où la vie est devenue monstrueusement cruelle pour la partie la plus charmante de la race, de n'envisager la question que sous son aspect plaisant et un peu vaudevillesque :... « trois, six, neuf. » Si l'on veut bien la considérer d'un point de vue patriotique, elle mérite la discussion la plus sérieuse. La morale catholique — qui ne serait nullement atteinte de façon nouvelle, car les catholiques n'auraient qu'à rester séparées de leurs époux sans se remarier — pouvait répugner profondément à un mariage à terme quand elle assurait le bonheur spirituel aux jeunes filles disgraciées ; mais qui ne voit qu'aujourd'hui ce bonheur ne suffit plus à presque personne et que les êtres les plus religieux réclament satisfaction terrestre à leurs droits?

D'ailleurs, faut-il l'ajouter? nous ne songeons point à soumettre de propositions précises à l'opinion publique ; nous requérons simplement la réflexion à propos de quelques chiffres alarmants. Pendant la période 1887-1890, on relevait encore 58.000 naissances annuelles à Paris ; l'année dernière on n'en a plus compté que 50.811, bien que la population se soit accrue d'un demi-million dans les vingt dernières années ; dans les villes françaises de plus de cent mille âmes, nous avertit un patriote militant, le Dr Jacques Bertillon, les naissances par 1.000 habitants ont déchu de 25,5 à 21,1 et dans les petites cités de 23,3 à 20,6.

III

COMMENT REPEUPLER LA FRANCE ?

Or, cette question de Dépopulation est celle dont dépend le plus étroitement, pour tous et pour chacun, la réalisation du bonheur possible en France. Non seulement on peut rendre à un grand nombre de jeunes filles, claustrées par la routinière observance des institutions actuelles, le droit au bonheur par le droit à la famille ; mais, en règle générale, il n'y a pas de bonheur individuel qui dure s'il n'est altruiste, s'il n'est donc tout d'abord favorable au développement de la nation. Tout homme qui jouit d'être français — et je n'écris point ici pour les autres — finira tôt ou tard par être affecté personnellement de l'amoindrissement de la France. Nous vivons déjà dans une angoissante torpeur par la sourde conscience des dangers prochains. Les cris d'alarme même nous sont un allègement. M. Louis Dumur a entrepris, dans *L'Action Nationale, La*

Dépêche de Toulouse et *Le Matin*, une vaste enquête, la plus passionnante qui se puisse offrir aux méditations publiques, sur la Dépopulation.

Il a adressé aux écrivains illustres de la France et de l'étranger le questionnaire suivant, qu'il a intelligemment accompagné des statistiques nécessaires, des projets de loi déjà rédigés et des opinions de nombreuses personnalités (1) :

(1) Nous relevons celles-ci :

« Depuis 1870, la France perd chaque jour une bataille.» (MOLTKE.) — « Le terrain compris entre les Vosges et les Pyrénées n'est pas fait pour que 38 millions de Français y végètent, du moment que 100 millions d'Allemands y peuvent prospérer. Le fils unique de la famille française est inoxorablement destiné à être dépouillé par les cinq fils de la famille allemande. » (Dr ROMMEL.) — « Les Français savent encore mourir pour la Patrie. Comme masse, ils ne savent plus vivre pour elle, vivre pleinement, en créant la vie. Si braves quand il ne faut que mourir, ils ont la peur de vivre. » (VAN DER SMISSEN.) — « Il y en a qui redoutent les progrès de la France en Asie et craignent de la voir s'annexer les provinces du Sud et de l'Ouest. Ces craintes me paraissent sans fondement. La France n'est plus ce qu'elle était autrefois. Malgré l'éclat extérieur de sa civilisation, elle est absolument pourrie au cœur ; on peut lui envier son raffinement, ses beaux-arts et sa richesse, mais son énergie vitale est épuisée. Sa population diminue de jour en jonr, et il n'est point déraisonnable de croire qu'elle disparaîtra du rang des nations vers la fin de ce siècle. » (*Journal japonais Taiyo.*)

M. Emile Borel, sous-directeur de l'Ecole Normale, vient de rouvrir une enquête analogue dans la *Revue du*

J.-J. Rousseau dit, dans *l'Emile* (livre V) : « Dans tout pays qui se dépeuple, l'Etat tend à sa ruine. »

Etes-vous de son avis ?

Si non, quelles sont les raisons qui vous font penser que la dépopulation ou tout au moins l'arrêt dans l'accroissement de la population ne sont pas un mal pour un pays, et plus particulièrement pour la France ?

Si, au contraire, vous êtes de l'avis de Rousseau, quels sont les remèdes que vous préconisez contre la dépopulation en France ? Dégrèvement d'impôts pour les familles nombreuses ; rétablissement sous une forme moderne des tours ; droit d'aînesse ou liberté absolue de tester ; prime à la naissance aussi bien illégitime que légitime, en y consacrant, s'il le faut, les ressources qui vont actuellement à la vieillesse, aux retraites, aux pensions ; admission extrêmement facilitée des étrangers à la naturalisation ; remaniement des droits de succession, des charges militaires, etc. ; impôt progressif sur les personnes n'élevant que trois, deux, un ou pas d'enfants ; mesures sanitaires ou économiques tendant à abaisser le taux de la mortalité ou à améliorer la race ; lois contre l'alcoolisme, la syphilis, la tuberculose, etc.

Qu'en pensez-vous ! Voyez-vous d'autres mesures à proposer ? Sont-elles applicables ? Faut-il les appliquer, et comment ?

Mois en en dénonçant la gravité. Une société contre la dépopulation s'est fondée, dont le secrétaire général, M. Fernand Boverat, publie chez M. Grasset un réquisitoire éloquent : *Patriotisme et Paternité* (1913).

L'examen des réponses, passionnées, entraîne à dégager les rapports qui existent entre le bonheur individuel dans une nation et la dépopulation. Ils n'ont guère été perçus par la plupart, qui proposent seulement des moyens matériels pour remédier au mal. On les veut « radicaux, héroïques » : M. Charles Richet réclame qu'on consacre en quatre ans un milliard à accorder des primes de 500 francs aux seconds enfants et de 1.000 francs aux suivants ; il escompte qu'on obtiendrait ainsi un million de naissances supplémentaires. M. Alfred Fouillée estime qu'on devrait aux élections accorder 2 voix aux pères de famille, ce qui est plutôt une récompense qu'un appât. C'en serait au contraire un réel pour les femmes qu'on réservât le droit de vote à celles qui peuvent justifier de trois enfants vivants au moins, comme le demande M. Jacques Lourbet.

Après avoir rappelé avec d'autres qu'il faut commencer par diminuer la mortalité infantile — qui est en France de 150 pour 1.000 au lieu de 69,4 en Norwège, de telle sorte qu'en la ramenant au taux de la Norwège nous compterions chaque année 247.000 hommes de plus, — il découvre qu'elle dépend de la mauvaise répartition du travail. Le nouveau ministère du Travail et de la Prévoyance sociale, en publiant au moins une fois par mois dans chaque mairie les tableaux des professions portant en regard le mouvement du personnel ouvrier, contribuerait efficacement à réaliser l'équilibre entre le nombre des artisans et la diversité des métiers ; il réduirait progressivement le chômage, qui est un des principaux fauteurs de la dépopulation. M. Sébastien-Charles Leconte, à qui l'on doit la plus belle et pressante réponse, logique et pratique, demande que l'Etat assure le repos avec le salaire aux femmes enceintes.

Tel est, apparaît-il, le moyen le plus radical, légitime et aisément légalisable ! La façon tranchante d'obtenir qu'on l'applique est, comme il le demande ingénieusement, d'en faire une question électorale. L'auteur du *Sang de Méduse* touche là au nœud gordien. Car comment en faire une question électorale, qui saurons-nous persuader de s'y attacher ? On peut arriver à former quelques comités d'intellectuels patriotes ; mais ceux-ci mêmes, déterminés par tant de contingences, n'oseront employer vis-à-vis des candidats les procédés de pression indispensables. Et le public, lui, restera indifférent, au moins confus.

C'est donc bien une réforme morale qu'il convient avant tout d'entreprendre, selon l'avis de Gabriel Monod. « La question est surtout psychologique, confirme M. Georges Brandès. Il faudrait pénétrer hommes et femmes de cette pensée que le salut du pays exige qu'ils aient plus d'enfants. »

Cependant dans aucune nation contemporaine les

gens ne se décideront à doubler leur progéniture ponr servir la patrie : ils veulent avant tout et presque exclusivement être heureux. Il faut donc de préférence leur démontrer qu'il y a un intérêt matériel en jeu. Un de nos plus importants économistes (1), M. Levasseur, a établi, *contrairement à la croyance commune*, que la dépopulation, que « la condition démographique de la France est regrettable non seulement au point de vue politique, mais aussi au point de vue économique. La France, avec sa densité moyenne de 73 habitants par kilomètre carré, est loin d'être saturee de population. Son agriculture et surtout son industrie pourraient en faire vivre un plus grand nombre ; ce ne sont pas les capitaux qui lui manquent. Or l'homme en général rapporte au moins ce qu'il coûte, souvent même il rapporte davantage ; la densité, quand elle est formée de travailleurs actifs, contribue à la prospérité d'une population et l'accroissement régulier de cette population stimule l'émulation des producteurs ».

Tel avis est excellent à répandre avant tout ; et c'est le lieu de réfuter l'opinion vulgaire, citée avec faveur par Lombroso, et même par un homme d'expérience de la valeur de Vandervelde :

Il est un fait qui me paraît incontestable, dit-il, et qui justifie plus que tout autre les inquiétudes que sus-

(1) Cf. sa *Population française.*

cite l'arrêt de la population française ; c'est que, dans l'Europe actuelle, ce sont en général les populations les plus arriérées, les plus ignorantes, les plus fermées à toutes les influences progressives, qui ont beaucoup d'enfants ; les plus développées, les plus instruites, les plus avancées à tous points de vue qui en ont peu ; les Parisiens sont stériles, les Bretons sont prolifiques ; les citadins ont peu d'enfants, les campagnards en ont beaucoup ; les gens des partis avancés ne se reproduisent guère ; les catholiques et leurs succédanés des pays protestants croissent et se multiplient.

On discerne ici une fois de plus comme les généralisations se révèlent dangereuses en sociologie. Tout d'abord, à une telle destination, les Canaques de la Nouvelle-Calédonie, et nombre d'Océaniens chez lesquels la natalité est en régression définitive, seraient les peuples supérieurs de l'humanité. En Europe, il y a en effet fréquemment concomitance entre le progrès intellectuel dans un milieu envisagé globalement et l'arrêt de la population ; mais qui prouve que le premier est la cause du second ? Quand, au contraire, nous observons avec soin les cas individuels, nous distinguons très souvent que les paysans les plus intelligents d'un village et en tout cas les plus conscients de leurs intérêts sont ceux qui y ont le plus d'enfants, et, d'autre part, que les ménages de la petite bourgeoisie parisienne les plus stupides s'attachent, par futilité, par vanité et par égoïsme ignorantin, à rester stériles dans leur flasque accouplement. Même est-il si juste de dire que les Parisiens soient supérieurs aux Bretons ? On a coutume, quand on l'affirme, de penser d'une part à l'élite parisienne, formée en majeure partie de provinciaux, et parallèlement aux ivrognes des ports ; ceux qui ont habité quelques mois la Bretagne restent au contraire charmés moins encore de la nature que de sa séduisante civilisation pastorale : les villages les plus féconds sont ceux qui n'ont pas encore été contaminés par les citadins ; la race y est belle, élégante, parée avec une poétique originalité, fine ; l'hygiène n'y est pas plus rare que dans les loges et les mansardes de la capitale. La littérature entière du xixᵉ siècle, à l'inspiration de Rousseau, s'est efforcée de démontrer que le vrai progrès ne tenait point dans le raffinement de la civilisation tel que le comprennent les gens des villes.

M. Vandervelde relate encore un rapport entre le nombre et la richesse, et le célèbre Lombroso décrète :

La diminution de la natalité est un phénomène qui accompagne toujours les progrès de la civilisation. La France ne saurait en éprouver de dommage, car elle en est plus riche. Sa richesse augmentant, il lui est loisible de recevoir et de nourrir une immigration de robuste sang étranger et d'y chercher le même avantage que dans une augmentation de la natalité, sans la peine d'avoir à pourvoir à celle-ci.

Un des bénéfices de la richesse serait donc de nous acoquiner à l'impuissance ! Pour les néo-malthusiens qui procèdent de Lombroso, « une seule chose importe, l'augmentation de la richesse, et celle-ci a chance d'augmenter dans la mesure même où la population ne s'accroît pas ». Or, au contraire, la consomption dont souffre la France résulte d'un engorgement de richesse.

Le bonheur ne saurait être dans l'embourgeoisement. Dans son admirable déposition M. Sébastien-Charles Leconte, commentant les statistiques, expose que nous avons de moins en moins d'adolescents, plus d'adultes, beaucoup plus de vieillards ; le nombre des naissances décroissant chaque année, la population restant la même, la majorité des Français est composée d'hommes et de femmes de 40 ans ; *nous sommes un peuple de quadragénaires.* Nous manquons de jeunesse, d'élasticité, d'élan généreux vers la vie : il ne saurait se rencontrer là de vigoureux bonheur, tout au plus une jouissance lasse de repos qui s'aggrave déjà de la peur de la mort, bientôt lancinante. D'ailleurs tout peuple chez qui la natalité décroît est en décadence, non point seulement morale, mais physique. M. Vacher de Lapouge écrit :

L'indifférence de l'avenir, le peu de souci de laisser

des enfants, la dysgénésie réelle paraissent des syn-
dromes communs de cet état neutre qui, chez les races
métissées, précède immédiatement la dislocation. L'instinct le plus nécessaire à l'espèce, le plus primordial, le
plus loin hérité se trouve tellement affaibli qu'il est mis
en échec par des considérations de l'ordre le plus misé-
rable et cet affaiblissement a une importance qui dé-
passe de beaucoup celle des causes occasionnelles.

Or nous sommes encore, pour la plus grande
partie de la nation, à une période de diminution vo-
lontaire de la natalité : rapidement peut elle devenir
involontaire, donc irrémédiable ; nous avons juste le
temps d'y parer !

Aux écrivains les premiers d'entreprendre la
campagne moralisatrice de persuasion.

Emile Zola a composé pour le peuple et la petite
bourgeoisie *Fécondité* et *Travail*. Mais c'est la
grande bourgeoisie qui limite le plus méthodique-
ment et strictement sa progéniture ; il revient à ses
auteurs favoris, aux Bourget et aux Marcel Prévost,
de lui imprimer la leçon patriotique ; dans le monde
qu'ils observent, les décès ou la mauvaise éducation
des enfants uniques leur présentent assez fréquemm-
ment les plus pathétiques sujets. Mais reconstituer

les majorats, léguer à chaque fille une dot égale à celle de sa mère, tel est l'idéal que persévère à proposer explicitement ou inconsciemment à la bourgeoisie tel moraliste académicien. Parmi les démocrates, les auteurs que nous préférons, les Paul Adam et les Rosny eux-mêmes, s'entêtent à la glorification de l'argent et provoquent leurs lecteurs à la poursuite d'héritages et de trésors enfouis. La forte odeur du luxe s'exhale de notre meilleure littérature et échauffe le public. Nos écrivains artistes croient le satisfaire en déployant les jouissances raffinées que procure l'or : le succès de mains auteurs bourgeois prouve qu'ils lui plairaient tout autant en lui exposant, avec une élégante érudition, les joies luxuriantes du bonheur antique dans les familles actives.

Ils ne sauraient assez penser sur la dépopulation actuelle et les maux qui en résultent : de tels sujets seuls peuvent soutenir un nouveau Balzac. La principale cause de la dépopulation tient dans l'ignorance des meilleures conditions qui puissent ménager le bonheur. Qu'ils répandent donc, avec véhémente éloquence ou atticisme, la compréhension de la félicité ; qu'ils réclament le droit au bonheur pour tous et, entre tous, pour les jeunes femmes condamnées au célibat par une morale qui n'est ni laïque ni catholique, qui a été légitime au temps où la France se trouvait un des pays les plus peuplés de l'Europe, mais qui ne répond plus aux nécessités irrésistibles de l'heure !

CHAPITRE III

LA BEAUTÉ DE LA MORALE FRANÇAISE

Sur des lois favorisant la repopulation, hommes politiques, vous fonderiez la morale nécessaire à une démocratie ! Il n'y a nulle antinomie, quoi qu'en disent les adversaires de la République, entre la démocratie et une éthique.

L'agitation publique au sujet de l'affaire Dreyfus, les troubles civils autour des lois de séparation, les préoccupations nationales à propos de la question du Maroc ravivant la rivalité franco-allemande, ont assez vivement tenu l'attention pour empêcher d'apercevoir avec lucidité le nouveau mouvement d'antiparlementarisme qui se dessine parmi l'élite intellectuelle de la France. Les écrivains les plus opposés s'accordent à sentir aigument et à dénoncer bientôt, avec un regain d'âpreté, les vices du régime contemporain. Ce n'est plus seulement un Barrès. théoricien vigoureux du nationalisme dans ces livres

admirables, même pour ses adversaires, que sont
L'Appel au soldat, *Leurs figures* et les *Scènes et
Doctrines*, qui houspille les patrons de la Chambre
et du Sénat et requiert contre le système. Mais le
maître vénéré des anciens dreyfusistes ministériels,
Anatole France, dans ses conversations péripa-
téticiennes parmi ses disciples, démontre, par-
delà les faiblesses actuelles du gouvernement, l'in-
cohérence du Régime, producteur d'hommes médiocres. Non plus seulement la politique, mais
le souci de la règle nationale fournissent des raisons à l'antiparlementarisme : dans sa *Morale de
l'amour*, avec cette chaleureuse et nombreuse éloquence qui, faisant de lui dès longtemps un grand
orateur du roman, devait l'amener à s'affirmer un
ardent et généreux moraliste, Paul Adam nous
donne à les sentir. Barrès, Adam, France : trois noms
représentatifs, et qui ne seraient pas les seuls à
citer !

Le moralisme dont l'épanouissement s'accomplit
dans notre littérature depuis quelques années, pour
démentir l'injuste réputation de pornographie que
lui font les libraires allemands (1), se caractérise de
ce qu'il provient et s'entretient d'une reviviscence
de patriotisme. Les Maurice Barrès comme les J.-H.
Rosny, les René Bazin, les Henry Bordeaux, les

(1) Se rappeler à ce sujet la toute récente enquête de
M. Hugues Le Roux à l'étranger.

Masson-Forestier, les Margueritte, les Mithouard, les Bertrand ont publié maintes œuvres rivales qui concourent à approfondir et à raffiner l'amour de la France chez leurs lecteurs. C'est par une perception plus lucide des destinées mondiales de son pays et un sens pénétrant des réformes nécessaires à la nation que M. Paul Adam, jadis brillant dialecticien des revues amoralistes, a été conduit à formuler avec précision des propositions de morale.

A la vérité, il continue à admirer les déploiements orgueilleux du luxe avec le même pathétique qu'autrefois dans sa célèbre *Essence de soleil* ou dans ses *Cœurs utiles*. Mais c'est parce qu'il a vu en Amérique quelle prodigieuse activité résultait de la poursuite panique de la fortune ! et il estime que le Français, assoupi dans l'aisance, demande d'être réveillé et précipité vers de grandioses actions.

Selon lui, ce n'est point de luxe ni de luxure que s'épuise notre bourgeoisie. Ayant parcouru l'Europe et l'Amérique de Moscou à San-Francisco, il lui apparaît avec évidence que la réputation de galanterie vicieuse faite à Paris est simple calomnie, propagée par l'Allemagne en 1870 et depuis lors, pour aliéner à jamais la sympathie du monde protestant.

« En vain les photographies pornographiques nous arrivent à foison, timbrées par la poste allemande ; en vain les archiducs d'Autriche ensanglantent leurs orgies tragiques ; en vain les télégraphistes anglais sont dénoncés à l'univers comme des Ganymèdes sans cruauté ; en vain les jeunes misses yankees stupéfient nos candides lieutenants par l'audace de leurs flirts voluptueux, on continue d'admettre que nous sommes les gens les plus dépravés de la planète. »

Notre mauvaise réputation à l'étranger nous fut, aussi en grande partie, faite d'après les romans naturalistes, où les procédés et les tempéraments des Zola, des Maupassant, des Huysmans accusaient littérairement chez nous les imperfections communes à l'humanité.

En Angleterre, on lit *Nana* au lieu de traduire l'admirable *Nell Horn* des Rosny, qui n'est pas seulement une œuvre littéraire supérieure, mais la plus compréhensive et délicate psychologie de la femme anglaise. En Prusse, on adapte les romans antimilitaristes faux et fastidieux des petits-maîtres du naturalisme : on ne connaît point assez, même dans les familles, les romans moraux où une abondante élite d'auteurs nouveaux exposent, au cours d'intrigues charmantes et décorativement entrelacées, dans un style gracieux comme nos ciels, par l'intermédiaire d'êtres alertes et sains, les sentiments et les idées de la moyenne française à la fois si sensée et hardiment spéculative, pratique et idéaliste, d'esprit vif, enjoué mais sérieux, encline à l'amour noble et soucieuse de la famille. Ils aident à démontrer la dangereuse importance des influences étrangères.

Parmi ces auteurs, M. Henry Bordeaux s'est très rapidement assuré une place prépondérante, non tant encore par l'agrément de son style que par la divulgation des beaux caractères, nombreux en France mais méconnus des littérateurs. Surtout il a répandu dans son œuvre romanesque la pensée des principaux sociologues, économistes et histo- riens contemporains assimilée au cours de plusieurs années de critique érudite dans les revues. Il en a recueilli une conscience, moins rigoureuse et plus complexe que celle de M. Bourget, de l'enseigne- ment qu'il convient de donner à notre bourgeoisie sollicitée vers les aventures — et notamment vers l'amour libre et changeant — par les thèses scan- dinaves, saxonnes ou slaves. Il n'en définit qu'avec plus de souplesse dans ses romans la grandeur des actes justes, des vies réfléchies et dévouées, de l'honnêteté courageuse, de l'honneur ; et dans tel de ses livres (1) apparaît qu'il n'y a rien non seule- ment d'aussi noble, mais d'aussi doux, beau et vo- luptueux que la fidélité dans le mariage.

L'historien Albert Derize épouse une délicate et froide jeune fille, Elisabeth Molay-Norrois, natu-

____

(1) *Les yeux qui s'ouvrent,* Plon, éd.

rellement vertueuse et indifférente à la haute cul-
cure intellectuelle : n'ayant pu l'intéresser à son
travail, ni à la compréhension de l'art, il s'en dé-
tache peu à peu au long de quelques années : mélancolique, il rencontre Anne de Sézery, dont la
sensibilité vivace et altruiste s'est développée en
Angleterre par le bénéfice d'une éducation libérale,
et il quitte sa femme.

Elisabeth souffre, et par la souffrance est éveillée
à l'intelligence généreuse de la vie, à la lecture, à
l'art, à la grave joie d'instruire ses enfants, lien vivant avec le mari absent ; et comme l'âme probe et
féconde d'Albert Derize ne peut trouver le bonheur
ni même la paix dans une union illégale et stérile,
il revient, après des péripéties d'angoisse, à l'épouse
légitime qu'il admire. Tous présentent de franches et
fières personnalités : Anne de Sézery, qui subit
quelques mois l'adultère, n'est, elle-même, qu'une
victime de circonstances l'ayant ruinée à l'âge où
elle eût pu se marier, et c'est spontanément que,
âme née pour les hautes passions et les sacrifices
élevés, elle fuit Derize pour le rendre à sa femme
ennoblie par l'épreuve, et va se dévouer dans
l'Inde à la charité.

Ils sont *des caractères* et non point seulement
des sensibilités comme tant de héros de romans parisiens ou norvégiens, de romans cosmopolites ; et

ce sont des caractères qui se soutiennent et s'enri-
chissent de la plus vivace complexité à travers
les vicissitudes douloureuses de l'existence. Ils ne
sont nullement, pour cela, des cérébraux, mais des
êtres de flexible humanité, soumis à la faiblesse et
aux impulsions de l'instinct incertain.

Ils représentent des tempéraments français dans
tout ce qu'ils comportent de penchant à la passion
et de conscience éveillée vers le devoir, de volup-
tuosité et de raison.

M. Henry Bordeaux est le romancier préféré de
la société polie et optimiste. Son témoignage d'aimable idéaliste pourrait donc paraître l'œuvre
d'un opportunisme littéraire aussi suspect que l'opportunisme politique. Mais un hardi, fougueux et
truculent réaliste comme M. Paul Adam, peintre com-
plaisant de Byzance et des opulences cyniques de
la ploutocratie contemporaine, affirme : nul pays
n'est plus moral que la France.

Selon lui, plus qu'à notre tempérament, les imperfections de nos mœurs sont imputables à notre
gouvernement. Les députés — « valets » de la démocratie les a appelés le romancier satiriste Georges
Lecomte — se désintéressent des questions primor-
diales pour la sécurité publique. Non seulement,
d'après M. Paul Adam, les parlementaires ne voient

dans la discussion des lois du divorce qu'occasion « de s'adonner à quelques expériences d'hypnose oratoire », mais ils laissent la police prêter impunément aide aux chevaliers du trottoir, au bon moment, meneurs électoraux. Grâce encore à l'incurie égoïste de nos pères conscrits, les satyres sanguinaires pourchassent, armes à la main, les jeunes filles des quartiers pauvres, les moindres trahisons provoquent le fer, le feu ou le vitriol jeté en pleine rue devant les sergents indifférents et ensuite les magistrats bénévoles : c'est l'anarchie du pavé ; chacun se fait justice avec une barbarie inacceptable de ceux-là même qui grâcient Soleilland. On ne saurait assez haut protester avec M. Paul Adam contre une mollesse aussi criminelle du gouvernement ; l'auteur de *La Force* va jusqu'à attribuer à nos parlementaires, anticolonialistes et pacifistes par lâcheté, la responsabilité des violences faubouriennes : « Quand on n'offre pas aux hommes le dérivatif des combats pour la patrie, c'est au sein des villes et sous les symboles de la paix féconde qu'ils s'entretuent. »

Faut-il demander avec lui, dans notre souci commun d'épuration nationale, que la justice poursuive spontanément les adultères ? Au moins des sanctions infiniment plus sévères s'imposent contre les attentats, plus encore que contre les séductions. La jeunesse se corrompt au rôle de Chérubin. Rien abaisse-t-il autant les caractères ? « L'habitude prise de mentir, de se cacher, de se dérober, de voler un baiser payé par un tiers, c'est l'apprentissage de l'indélicatesse, de la malhonnêteté, parfois des tripotages, du vol et du crime. » Il n'y a de dignité que dans le mariage : « Composer avec l'autre et soi un seul caractère qui s'éduque, s'instruit. Vouloir devenir à deux une personne douée d'énergie meilleure. Souhaiter d'être pour l'autre l'exemple du bien. Communier ensemble non seulement par l'amour, ce qui est peu, mais par l'identité de l'effort, la même recherche du vrai. Fonder ensemble une œuvre utile aux hommes ; et la chérir de toutes ses forces, et lui consacrer toute la puissance de deux cœurs exaltés par leur passion mentale ; puis le jour où l'œuvre atteint son but, procréer l'enfant qui la perpétuera. Voilà ce que le mariage peut offrir de grand aux Français. »

On se plaît à citer une page aussi belle, aussi fortifiante, chez l'auteur de *Basile et Sophia*. Elle est un gage de moralisme jusque parmi nos artistes les plus voluptueux. L'on souhaite avec M. Paul Adam que ce moralisme gagne les parlementaires. S'ils avaient pu entendre dans les classes les plus diverses les commentaires autour de telle grâce présidentielle, ils sentiraient à quel point le souci d'une bonne juridiction protectrice de l'enfance et de la jeunesse passionne la masse des Français et que le thème des préoccupations des pères de famille deviendra demain article de programme pour bien des électeurs. Après qu'on a laïcisé la morale, on s'aperçoit qu'il faut songer à la tenir pour un sujet d'intérêt national prééminent.

La moralité qu'un Balzac attribuait à la seule discipline catholique établie en France, des romanciers réalistes contemporains, tels que Gustave Geffroy observent — dans leurs romans de mœurs qui portent sur un groupe autant que dans leurs romans de caractères — qu'elle se forme naturellement par l'équilibre des qualités sous la maîtrise du travail, par la finesse des instincts chez une race cultivée où le peuple aussi a le sens inné de la politesse, un goût de la propreté moins méticuleux qu'élégant, et l'ambition de la distinction. Enfin, par l'école et les conférences populaires, dans les faubourgs et jusque dans les villages, l'idéal des grands écrivains, en formules catégoriques, rayonne.

CHAPITRE IV

LA SENTIMENTALITÉ

Comment ne pas prendre garde à l'opinion que, parmi les étrangers et jusque nos frères latins des républiques du Sud, les jeunes intellectuels, formés surtout par la lecture des écrivains à la mode il y a quinze ou vingt ans, — notamment donc des Symbolistes, — répandent du génie français ?

La Mort du Cygne, soit du génie de l'harmonie française, tel est le titre de l'œuvre importante de critique symbolique qu'a conçue M. Carlos Reyles (1), après une méditation passionnée, dans le but de détourner de notre influence les jeunes générations du Nouveau Monde.

Voici en cet écrivain, qui a un talent riche et vigoureux, un chaleureux don de magnificence verbale et de formules au raccourci énergique et subtil, une connaissance aussi variée que sûre de notre lit-

(1) Traduit par A. de Bengoechea (B. Grasset éd.).

térature et de notre art, voici un contempteur décidé de notre civilisation. Avec nervosité, il a
effeuillé ce qu'il en appelle « la fleur latine » devant les statues du style munichois aux muscles
renforcés.

L'esprit solidaire poursuivant avec acharnement le
droit égal pour tout et pour tous, le bonheur du plus
grand nombre, la liberté, le progrès, notions confuses et
peut-être antinomiques, n'est pas plus favorable, en
somme, à la société, que les doctrines naturalistes ou an-
tirationalistes des Allemands et des Anglais. Dans la
pratique l'intellectualisme et le rationalisme français dé-
génèrent, l'un en *esthétisme* amoral, ironie, sceptique,
indifférence et répugnance des réalités, l'autre en perpétuelle fermentation révolutionnaire et en individualisme
anarchique, tous deux opposés, comme l'amoralisme des
esthètes, à la société et à la vie. Au contraire, le dur
darwinisme social, tête de turc de tant de déclamations
sentimentales, conduit au respect des hiérarchies, à
l'ordre, à la liberté, à la coopération pour la vie, dans
la lutte pour la vie, et d'autre part à l'individualisme
du *self governement*, source inépuisable d'énergies et
de vertus sociales non théoriques, mais pratiques et effec-
tives. D'où l'on peut rigoureusement inférer que l'égoïsme
accapareur des brutaux est plus profitable au monde que
l'égoïsme désintéressé des délicats.

Selon lui « la pédagogie et les disciplines françaises
ne réussissent à former que des sentimentaux, des

rhéteurs, des incapables et des désorbités ». Cela provient en majeure partie, selon lui toujours, de notre
idéalisme éperdu en chimères, de notre sens du rêve
qui nous détourne de l'action, et de notre culte de
l'amour qui nous fait donner à la femme le plus grand
rôle dans l'éducation — et presque dans la politique,
car il ne ménage guère les allusions aux Pompadours.

La femme tient-elle vraiment une si exclusive
place dans nos préoccupations, notamment dans
celle des artistes et des poètes, à qui il attribue
telle responsabilité dans l'éducation nationale quand,
hélas ! on les lit si peu et si mal ? On ne le voit
guère à parcourir un Salon où les paysages dominent, où il y a rarement de femmes qui soient
peintes avec amour tandis que tant de natures-
mortes sont léchées avec volupté. Les poètes parlent
plus souvent d'eux-mêmes que de compagnes : les
jeunes d'aujourd'hui chantent l'ambition, l'exaltation vers le soleil et la gloire qu'ils n'entendent
plus laisser à sa définition de « soleil des morts »,
décrivent infatigablement des paysages et des villes.

M. Reyles ne nous laisse point ignorer dans ses
développements éloquents que ce qu'il appelle
femme c'est la femme élégante, que ce qu'il appelle
amour c'est la galanterie. Or, considérez dans son
ensemble notre art dans une assez ample période,
par exemple depuis 1870 ? M. Reyles cite presque

exclusivement comme poètes Baudelaire et Verlaine. Pour lui *L'Année terrible*, *L'Art d'être grand-père*, *Les Quatre Vents de l'Esprit*, *Le Satyre*, *La fin de Satan*, *Dieu*, ne sont-ils donc pas œuvres aussi importantes que *Les Fêtes galantes* ? Sully-Prud'homme, Heredia, sont-ils galantins ? Je n'ignore point ce que M. Albert de Mun pense de M. Henri de Régnier, mais l'autre académicien de la même promotion, M. Jean Richepin, n'est-il point avec Verhaeren de ces chantres de force barbare, de mêlée féconde, que M. Reyles prise comme moralisateurs des énergies saxonnes en les Walt Whitman ? Des romanciers, de même qu'il ne cite jamais Balzac, ce poète du mariage et des vierges sages, Fromentin, la George Sand des nobles idylles, il ne considère dans notre temps que le Bourget et le Zola des premiers romans, Maupassant, Paul Adam. Il n'a lu ni les *Evangiles* de Zola, ni *L'Impérieuse Bonté* et *Les Ames perdues* de Rosny, ni *Le Vent dans les moulins* de Camille Lemonnier, ni *L'Apprentie* de Gustave Geffroy pour qui la douleur fut un maître de noblesse, ni les *Femmes nouvelles* des Margueritte, ni *L'Océan* de Charles Géniaux, ni tous ces livres moraux vendus cependant à tant d'éditions et qui, par suite, forment la pensée de la masse. Et il n'a pas lu davantage l'œuvre héroïque d'un Romain Rolland en qui un vaste public européen trouve une si vivifiante substance !

Dans la peinture en face de Manet et de Renoir, Carrière s'attache à présenter ses graves et poétiques *Maternités*, évangile de tendresse et de fécondité ; Fantin et Legros méditent leurs austères portraits ; Puvis de Chavannes compose, des voluptueuses mais pures contemplations de son observation quotidienne, les utopies patriarcales de son Age d'Or noble, serein et généreux.

Le fait même que tant de ces âmes sentimentales, complaisamment molestées par M. Reyles, rêvent si longuement de l'amour, de la femme, prouve avant tout que dans la réalité de leur existence ces choses n'usurpent point tant de place : on ne rêve qu'à ce que l'on n'a point, et on le rêve parfait pour embellir la possession de ce que l'on a — et qui n'y perd rien. Plus l'on aura admiré de corps antiques sculptés par Rodin, moins on se laissera dans le monde séduire et énerver par les tailles que le corset étriqua : le choix des épouses conformées pour la fécondité, que M. Reyles trouve si judicieux chez les Anglos-Saxons, en sera plus sûr. Les *Visions Antiques* de Puvis de Chavannes ne nous amollissent pas tant qu'elles n'incitent à mettre dans notre vie trop américanisée plus de quiétude contemplative, où se prépare l'action sage.

Non, vraiment en France la conception de la femme, de l'amour, ne s'accuse pas plus artificielle et faisandée que dans les autres pays. Est-ce d'un Français ou au contraire d'un Anglais cette sentence d'Oscar Wilde que M. Reyles cite : « Le culte de la beauté n'a rien de sain ? » La beauté de Salomé, certes ! non l'Eva de Leconte de Lisle, la Stella de Sully-Prudhomme, les vierges de Francis Jammes !

Le génie français, ne se caractérise point, comme l'imagine M. Reyles dans son livre fringant, parce qu'il néglige l'action pour le rêve, la force pour l'idéalisme, mais qu'il *équilibre* les uns avec les autres. Savons-nous ce qui naîtra du culte *exclusif* de la force pratiqué aujourd'hui dans certains pays ? Que devint la Prusse après Frédéric II ?

Nous n'en devons pas moins tirer les meilleures inspirations du discours intense, provocant, superbe, de M. Carlos Reyles. Que de si injustes pamphlets contre notre pays excitent nos jeunes artistes, fouettés par ses ardentes invectives, vers les sujets purs, vers la morale féconde, vers l'action courageuse !

CHAPITRE V

LA JEUNE FILLE ET LA FRANCE

Ces controverses nous ramènent à considérer avec ferveur que la France a une auguste et bienfaisante mission à remplir dans le monde, qu'à cet effet elle doit être forte, s'affirmer une puissance morale autant qu'une puissance politique, devenir féconde. Comment ne point traiter maintenant le sujet si délicat et grave de la jeune fille, c'est-à-dire tout l'avenir du mariage dans notre patrie, et nous préoccuper du rôle qu'elle doit tenir dans la nation, à ce propos, de l'enseignement civique professé dans les lycées de demoiselles ? M. Fernand Laudet, qui dirige avec excellence *La Revue hebdomadaire* vers le plus large succès, y a mené une enquête sur les jeunes filles mais on y trouvera seulement les réponses de femmes, pour la plupart avant tout dominées de religion, sur le caractère et l'éducation des jeunes filles d'aujourd'hui ; exposons ici des points de vue d'homme passionnément soucieux de la grandeur du pays et de la beauté exemplaire dont il désire y voir la vie s'inspirer.

I

QUE VAUT LA JEUNE FILLE ?

Nombre d'écrivains étrangers, et des Français de
la valeur de M. Paul Adam, reprochent à notre race
d'attribuer trop d'importance dans la réalité et dans
l'art à la femme, à l'amour, et ils dénoncent là un signe
de décadence. Ceci mérite une autre étude ; toutefois
il me presse de dégager que le magnifique auteur de
La Force a médit de la sentimentalité par une philosophie logique au temps du Boulangisme mais qui se
trouve très injuste : la sentimentalité est le génie
qui met de la divinité dans l'amour ; or cela s'accuse
dangereux, presque odieux, quand cet amour asservit l'homme à une pimbêche, non quand il lui permet de faire fleurir en sa compagne la suave supériorité dont resplendiront la famille et le travail du
mari. Ainsi seulement peut se reconstituer dans
notre démocratie une chevalerie, poétique et
vaillante pour les grands altruismes comme celle du

Moyen Age. Après s'être astreinte au positivisme pour réparer ses défaites, il faut que la France cède de nouveau à l'élan cornélien de son idéalisme naturel, nécessaire à sa fonction européenne. Puis la raison de bien de nos infériorités — telles notamment la crise actuelle du mariage, dans le mariage lui-même le progrès du malthusianisme, et les autres causes de la dépopulation — vient de ce que notre société accorde beaucoup trop d'attention à la femme et pas assez à la jeune fille.

Cette société s'est américanisée sans même prendre la grâce de la société yankee, qui est la révérence où elle tient la jeune fille. Aussi apparaît-elle ennuyeuse, triste et sans poésie, vieillotte. L'existence dans une petite ville sotte de province offre souvent plus d'attrait à un être délicat que celle de Paris, parce que dans la capitale la jeune fille ne compte point, n'a pas même le rayonnement qui la sacrait dans une civilisation de gynécée comme la Grèce. Il faut remonter à Bernardin de Saint-Pierre pour trouver dans notre littérature l'équivalent d'Iphigénie ; les Ursule Mirouet et les Modeste Mignon vivent recluses en des sous-préfectures ; le créole Leconte de Lisle, à l'âme diaphane comme la chevelure des cascades de son île, dut transporter aux pays lointains les rêves qui se moulèrent sur ses souvenirs immortels ; et en art on laisse aux mauvais peintres le privilège des portraits de jolies vierges : nous ne possédons pas plus de Greuze que de Bernardin ; tous plus ou moins baudelairiens, nos Manet comme nos Charles-Louis Philippe ne prisent que des courtisanes. Entendez enfin les conversations d'hommes : pour eux la jeune fille ne présente aucun intérêt, même esthétique ; toute leur dévotion s'adresse à la femme de trente à quarante ans, mûre, comme la prédilection des peintres à la nature morte — pommes, poires, oranges, poivrons, — qui est un sujet fait.

Cependant, même au point de vue strictement intellectuel, la jeune fille est plus suggestive que la femme : ses idées ne se sont point encore figées dans des formes mondaines, souvent décoratives, mais convenues ; à lèvres pourpres, non fardées, elle boit la nature ; elle regarde, elle se développe, ses curiosités comme ses mouvements déploient les élasticités et les étincelantes tendresses de la verdure printanière ; elle a la générosité et l'ivresse de ses ambitions, elle règne par ses illusions et non encore par le bluff ; elle a la personnalité de ses aspirations quand la femme n'a le plus souvent que celle de l'expérience, si restrictive : encore n'est-ce en général que l'expérience d'autrui. — Je ne songe même pas, ensuite, à comparer sa compagnie à celle des hommes : à la grande majorité, ils sont diantrement plus vains et bavards que n'importe quelles commères, plus jaloux, plus coquets, plus envieux ;

ah ! les parlottes littéraires... On éprouve plus de joies à causer avec des jeunes filles réfléchies que même à se laisser emporter par de la musique au-dessus de la nature : la vie est supérieure à l'art : découvrir des êtres, les regarder s'exprimer avec cette pudique liberté qu'est la confiance de la pensée et affermir leur personnalité dans une conversation d'égales à égal, être leur sensitif et loyal camarade dans l'émulation vers l'excellence intellectuelle, quel concert ! voilà qui m'exalte, et je suis fier de mon pays.

La beauté de la jeune fille se révèle la plus lumineuse, franche, l'on peut dire l'essentielle beauté.

Chez l'enfant, elle reste une chose toute transmise, une ressemblance, qui l'affilie encore complètement à ceux qui l'ont conçue. Chez la femme, outre que la beauté, fécondée par le mari, est un bien régi par lui et qu'il la convie à transmettre à ses enfants, elle est un objet mondain, un ornement social, aux formes apprêtées, où s'est déjà signifiée et arrêtée la discipline de la civilisation collective.

Chez la jeune fille, la beauté s'élève indépendante et triomphante ; même quand elle a engagé son cœur à un jeune homme, elle réserve son harmonie et développe à part son caractère ; il n'est que celui qu'elle a choisi d'instinct pour qu'il la provoque à épanouir son individualité, et c'est pourquoi, par une savante inconscience, elle préfère si souvent l'intelligent au joli médiocre, elle ne s'arrête à celui-ci que quand elle n'a elle-même à épanouir que de la médiocrité. Chez la jeune fille, la beauté est en perpétuelle formation et évolution : son rêve, incessamment caressant, modifie la forme qu'elle a reçue de ses parents. L'observation quotidienne de son miroir n'est pas seulement une vérification de ses traits, mais l'épreuve de son âme, où elle perçoit comment la richesse de son cœur et la méditation de ses lectures esthétiques ont éclairé ses yeux. La jeune fille se tient dans l'attente de l'action, c'est-à-dire dans l'état le plus sacré et mystérieux ; elle est ignorance et curiosité, j'entends ces deux mots dans leur sens le plus noble et paradisiaque où s'incarne la voluptueuse charité d'Eloa qui se sacrifie à l'élévation de l'humanité comme Iphigénie à la fortune de sa famille. Par là-même, elle est juste ce que l'on appelait si mélodieusement avant que le terme ne devînt banal « un ange ». Le mot n'est fade et incolore que quand il s'applique aux créations artificielles d'une religion douceâtre ; donnez-lui, comme a fait Chasseriau, l'éclat dont s'honorent les ronds visages pourprés et dorés de jeune fille, de quelle glorieuse grâce il s'anime ! Disons qu'elle est séraphique.

Mais, plaisanterez-vous, voilà la jeune fille idéale !

Oiseau rare... — S'il vous plaît, le plus beau nombre de jeunes filles sont idéales, même quand une seule concentre votre rêve. Je sais bien que la famille et le monde sont des milieux d'ironie, de scepticisme et de positivisme où elles se guindent. Mais que l'homme sache rechercher et admirer leur personnalité au lieu de leur imposer la sienne, quel élan naturel porte la plupart, jusque dans le ménage, à la perfection qu'à peu près seul parmi les mâles l'artiste poursuit dans son travail ! Elles y restent merveilleusement aptes parce qu'elles n'ont pas connu les grossièretés de la rue, du régiment et de la concurrence. A nous, par notre extase, de les envelopper de cette atmosphère de grâce où leur spiritualité prend confiance et essor. Voilà le plus pathétique poème, celui qui sans cesse tenta Beethoven !

Pour un homme heureusement constitué et dont le goût n'a pas besoin des excitations alcooliques, une femme mariée doit ne plus valoir ; sinon il ne serait qu'un médiocre, un raté de l'amour. Elle ne peut troubler que les êtres sans intense jeunesse ; elle ne lui paraîtra belle que pour son mari, et alors quelle splendeur ! Sa plénitude même est radieuse. Je me rappelle une blonde florissante qui chantait dans un salon ; elle touchait parce qu'elle voulait plaire au public en l'élevant jusqu'à la pâmoison amoureuse de Schumann par le moelleux de sa voix et la palpitation de ses épaules nues, mais on restait gêné par cette séduction qui se dispersait ; elle se dirigea ensuite vers son mari et discrètement se serra près de lui, lui portant son succès : aussitôt elle nous domina tous ; on sentit sa sécurité, sa force ; il fut doux *d'admirer le bonheur* de ce couple. On ne saurait admirer d'une femme que le bonheur loyal qu'elle donne : un exemple émeut tellement plus qu'une excitation ! Elle éblouit alors par une lumière égale à celle de l'innocence. Nous ne comprendrions pas le sentiment que Balzac et Fromentin prêtent à leurs juvéniles héros pour Mme de Mortsauf et Madeleine de Nièvre si elles n'avaient été si mal mariées qu'elles demeurent des sensibilités violées qu'un amour impérieux et naïf relève à leur candeur de jeunes filles.

La jeune fille représente la Fraîcheur, même aujourd'hui qu'elle sait trop, et j'entends par là non point les choses de la Nature, mais celles du Monde. L'artiste en a autant besoin dans notre siècle échauffé que Botticelli et Raphaël au temps de la Renaissance ; il ne fut point jusqu'à un Vinci qui n'éprouvât le désir de donner quelque mystère de renouveau, une céleste séduction et comme une mystique malice, aux équivoques beautés qui caressent son scepticisme païen. Je voudrais mieux pour le peintre d'aujourd'hui, qui vient après Puvis de Chavannes, notre Angelico : l'individualisme romantique qui s'assouplit par la souffrance à mériter dans la femme la plus plastique suggestion de l'idéal, mais une passion plus limpide que la romantique : la pureté dans la passion. Les Romantiques, maladifs au lendemain du Directoire dissolu et de l'épuisant Empire, soupiraient pour des dames, des actrices ; le poète de demain maîtrisera son enthousiasme dans le culte de la jeune fille, symbole de suavité et d'énergie pour la nation.

Ce culte est nécessaire à la nouvelle Renaissance française, que l'immixtion de la sensualité méridionale ne doit pas amollir comme celle du xvie siècle, si inférieure à notre lilial Moyen Age par la corruption venue des cours italiennes. La pureté, la « gentillesse » sont ce qu'il y a de plus utile au Français pour accomplir dans l'Europe matérialiste et oppressante les exploits auxquels le destine la mission qui lui est échue. Le Catholicisme l'avait senti en proclamant la France la fille préférée de l'Eglise ; pour Robespierre, elle était la vestale de la déesse Raison : en ces symboles considérons les convenances naturelles pour le pays qui, dans la réalité encore, s'affirme avant tout le pays de Jeanne d'Arc. Afin de remplir le devoir français, il faut, avec la foi, de la candeur, de l'allégresse, de la mysticité, qui exigent ensemble de la chasteté — cette volupté du respect

qui est la plus sublime discipline, celle qui rend facile toutes les autres — et l'espérance de l'amour,
la convoitise d'un bonheur aux belles formes. Dans
ce mot d'*espérance*, que d'ardeur, que de soumission à la fois et de volonté, que de tendresse mais
aussi que d'endurance ; *c'est la vertu que la jeune
fille fait naître le plus vivement en l'homme*, or
c'est la plus efficace pour le Français. Il lui sied de
connaître l'épouse assez longtemps jeune fille et la
plus jeune possible, afin que toute sa vie elle garde
pour lui l'éclat émerveillé des premières visions
inaltérables et ainsi ne vieillisse jamais ; elle incarne alors la jouvence de l'humanité primitive à
laquelle notre imagination rêva sous l'incantation
de la Bible et des grands lyriques, évocations d'âge
d'or qui suscitent la force.

II

QU'EST-ELLE ?

Que requiert-elle chez l'homme?

Malgré le féminisme actuel, les progrès de la culture, une conscience plus aiguë des difficultés de la vie, c'est encore l'attrait physique tout d'abord. Elle ne désire sans doute pas chez lui, surtout après la première vue, le même genre d'harmonie que celui de la femme, encore que son sens esthétique ait été dénaturé parce qu'on lui donne le même enseignement artistique qu'aux garçons, contre la logique : dans ses livres on l'invite à admirer les visages mignards des Psyché, de quoi elle n'a que faire puisque cela ne saurait la compléter et ce qui ne peut donc que raffiner en miévrerie ses qualités. L'idéal des Nattier, des Greuze, des Gérard et des Baudry prévaut encore exclusivement ; l'esthétique des Delacroix, des Ricard, des Puvis, des Carrière n'a pas encore élargi leur goût à apprécier l'accent

et même le charme physique de la grâce morale.
Certes la délicatesse et la régularité des traits sont
souhaitables chez l'homme, mais elles doivent céder
à l'éclat de l'individualité. Là intervient, contre
l'éducation affadissante qu'en général elles reçoi-
vent, le génie rationnel des jeunes filles ; chez ceux
qui leur sont déjà familiers, elles prisent la force ;
d'instinct, elles vont à ce qui les protégera dans
l'existence, aujourd'hui plus dramatique pour elles
parce qu'elles sont plus libres : au courage qui sur-
montera les difficulté sociales. Le dénouement des
Travailleurs de là Mer est une idée feuilletonesque
de lyrique exilé : dans la réalité, les Déruchettes se
montrent rarement assez niaises pour méconnaître
à ce point Giliatt, et s'édulcorer la vie dans une
union roucouleuse avec un mignon de sacristie.
L'impérieux magnétisme est celui de la vigueur :
j'ai vu des êtres graciles aimer le visage laid, volca-
nique, presque un peu terrifiant de David jeune
peint par lui-même : la bouche y est tordue avec des
muscles comme bégayants, mais l'éloquence de
cette convulsion, le feu de l'œil, la poursuite furieuse du beau qu'il saura révérer, dénoncent de la
l'héroïsme chez cet émule de Mirabeau : voilà la
passion ! Encore lit-on vraiment plus la passion de
vie que celle de la forme dans ce visage ardent que
n'attendrit point l'habitude de l'extase. Mais la jeune
fille — cela peut paraître paradoxal, — ne de-

mande point à l'homme le sens vif et subtil de la beauté, sauf celle qui désire se perfectionner.

En général, elle se trouve toujours assez jolie, et si l'admiration ne lui déplaît point, elle préfère celle qui est banale à celle qui est fervente, par une faiblesse analogue à la peur constante des jolies bourgeoises que leur mari ne les embrasse parce que la coiffure en est dérangée. Cela vient de ce qu'elle ne sait encore aimer et qu'elle n'imagine même pas que le grand amour est aussi rare sur la terre que le grand art. Elle le percevra le plus souvent trop tard. Le jeune homme sait aimer, parce qu'il a beaucoup plus le sens des qualités de la femme que la jeune fille celui des qualités de l'homme ; parce que son cœur riche éprouve le besoin de dévouer sa force et de choyer un être, tandis qu'elle, enivrée du naissant orgueil, songe avant tout à ne pas se dépenser — sauf souvent la provinciale ou la jeune fille religieuse ; — parce qu'il a l'habitude de l'action, c'est-à-dire de s'attaquer à la vie et de séduire la fortune, de choisir puis d'apprécier l'œuvre qu'accomplit son soin. Aussi aimera-t-il davantage la jeune fille à mesure qu'elle s'attachera, tandis que les plus intellectuelles même cèdent trop souvent à la sottise de l'éternelle coquetterie « suivez-la, elle vous fuit ».

De l'intelligence quel cas fait-elle ? L'ouvrière

comme l'héritière tiennent à ce que « il ait de la conversation » ; mais cela n'a guère d'importance pour elles qu'au début ; sur la jeune fille cultivée, cela exerce alors moins de prise. L'intelligence n'est recherchée que comme valeur bourgeoise, rarement pour sa valeur artistique assurant à l'existence un intérêt d'émerveillement inépuisablement renouvelé ; sa valeur sociale n'est guère mieux appréciée dans ce qu'elle peut réserver de délicates satifactions ; il n'y a pas assez d'ambition chez les jeunes filles sérieuses ; les frivoles seules s'en enivrent. De cette indifférence pour la gloire, de cette absence d'orgueil vient en partie ce que l'on a appelé la décadence de la France depuis 1870 et qui ne fut que torpeur, sommeil de la Belle Nation au sombre Bois dormant. M. Rey, dans un des livres qui ont mérité l'an dernier le plus de succès, a exalté *La Renaissance de l'Orgueil* (B. Grasset, éd.) : que renaisse au cœur des femmes la fierté, comme jadis, de conduire les hommes aux œuvres magnifiques et généreuses ! et la France sauvera le Monde par une nouvelle Révolution où fleurira la Renaissance de notre Moyen Age idéaliste comme en la première Révolution s'épanouit celle de l'Antiquité.

De la grandeur morale ? Les demoiselles un peu âgées l'estiment. Les autres n'ont pas même idée d'y penser : à plus forte raison soupçonnent-elles peu qu'elle donne de l'ampleur et de la finesse au

bonheur, au plaisir. Cela ne s'apprend, aujourd'hui,
pas plus au lycée qu'au couvent. De là la médiocrité de la vie dans l'Europe contemporaine, l'ennui,
le bovarysme universel, et l'anarchie qui en résulte. On a besoin d'une Révolution. Elle ne sera la
Renaissance dont nous parlons que si le féminisme
travaille au relèvement moral de la femme autant
qu'à son élévation sociale. Mais avons-nous encore
des George Sand, avons-nous des Ellen Key ? égales
de l'homme parce qu'elles aimèrent en lui les
hautes vertus viriles.

III

QUE LUI DIT LE MARIAGE, QUE LUI DIT LA VIE ?

Ses goûts sont généralement modérés. A-t-elle le désir d'être aimée passionnément, comme c'était la mode sous le Romantisme ? Il faut pour cela, outre l'intelligence, de l'initiative, l'intuition de la saveur d'une vie supérieure, le courage à conquérir, le besoin de se perfectionner, le désir d'être très belle. L'éducation moderne ne s'y prête guère : elle rape-tisse, elle égalise, elle fait rentrer les ailes dans les robes fourreau ou entravées. Quelle appréhension lit-on dans la plupart des réponses à l'enquête de la *Revue Hebdomadaire* : la peur de l'idéalisme ! Hélas ! elle est sensée : tant d'idéalistes s'avèrent fous et, sous leur superbe, égoïstes. Puis dans l'Europe contemporaine s'essore si peu d'idéal !

Mais accusons aussi la peur de la vie. Ceci vient de ce que l'on n'a plus guère de foi en rien. Que les voluptés se goûtent davantage dans l'accomplissement des devoirs que dans la revendication des droits, presque tous l'ignorent en ce temps. Le jouvenceau a généralement la sottise d'appréhender comme fastidieuse la fidélité dans le mariage alors qu'elle constitue un élément très pathétique de l'existence, alors qu'elle n'est point seulement la somme de la félicité mais la garantie de la volupté — ainsi que pour un Leconte de Lisle le grand art tient dans la pureté de la forme. La jeune fille intelligente cède rarement à cette peur, mais elle redoute souvent de perdre son indépendance, ne percevant point que c'est dans le mariage que la femme l'acquiert le plus sûrement si elle y entre avec le sentiment de son caractère et si elle établit la joie de son mari sur le développement et dans le respect de ce caractère. Aujourd'hui, pour la femme comme pour l'homme, il faut savoir vouloir son bonheur. Or, combien peu ont de volonté ! Combien peu aussi éprouvent le courage de risquer : la même faiblesse d'âme qui précipite tant d'hommes au fonctionnarisme éloigne la majorité, parmi les demoiselles de la bourgeoisie, de l'union où elle trouverait, avec du labeur, la satisfaction et l'épanouissement de ses énergies, c'est-à-dire les joies puissantes. Henri Bordeaux l'a ingénieusement montré dans *La Peur de vivre*. Chez les autres, ce n'est pas le dégoût d'une carrière laborieuse mais l'appréhension, résultant du manque de personnalité, de ne pas savoir découvrir de plaisir, avec un garçon qui ne leur paraît pas assez « séduisant », dans le mariage en et pour lui-même. Elles n'ont plus, comme les jeunes filles moins cultivées d'autrefois, le pressentiment que le mariage, même médiocre, est supérieur au célibat par la complexité d'existence qu'il entraîne, par l'autorité et la dignité qu'il donne, par l'orgueil de la maternité : elles n'ont su voir de leurs mères que les fatigues, jamais les satisfactions silencieuses, la palpitante maturité du caractère. Elles craignent aussi de renoncer à leur individualité, comme si, dans le célibat, celle-ci ne s'anémiait point jusqu'à montrer l'os. Aujourd'hui, la jeune fille, comme le jeune homme quand il choisit une profession, tend à ne prévoir que les ennuis.

Aussi voit-on se former peu à peu en France un *virginisme* analogue à celui qui a sévi, mais déjà décroît en Amérique parce qu'il n'était qu'un bluff : beaucoup de jeunes filles, et plus particulièrement parmi les anciennes élèves des lycées, s'avouent hostiles au jeune homme, au mariage. Ayant constaté le dédain — odieux et grotesque — où les tient l'homme et la trop longue réclusion où le monde les fait moisir, ayant avéré la difficulté de se marier dans une civilisation « où l'usage subsiste d'unir deux situations et tout au plus deux vies matérielles beaucoup plus que deux intelligences

et deux âmes », les voici réfractaires en une phalange d'amazones ! A côté de celles qui ne désirent
pas se marier par pauvreté de cœur, d'esprit ou de
corps, se groupent là celles qui « s'interdisent, courageusement, de trop rêver au foyer qu'elles désirent » (1). De là se secrète une maligne aigreur.
Elle ne résulte nullement comme presque tous
les hommes l'estiment avec fatuité, d'une privation
physique, mais d'une privation intellectuelle : elles
rancissent à exercer une certaine sécheresse — caricature de la pudeur — vis-à-vis le jeune homme,
qui se déconcerte, et, quand il n'est pas d'élite, se
trouve ainsi repoussé vers le plaisir vulgaire. Elles
y perdent peu à peu la poésie qui ne saurait guère
s'entretenir que de l'amour. Le célibat, déjà, amoin-
drit l'homme qui a tant de libertés ; comment n'étio-
lerait-il pas la femme si elle ne se dépense
point pour la famille ou pour des œuvres d'altruisme ?

Mais, là, quelle vocation il faut ! Par quelles affres
atteint-on à la grandeur ! J'ai horreur, pour cette
raison, de notre société moderne, dont c'est le crime
et la médiocrité qu'elle ait ménagé si peu de
bonheur à la majorité des femmes. J'appréhende
que le féminisme, mécaniquement, ne réserve de
bien dures vengeances. Personne n'y gagnera, car

____

(1) Mlle A. BONNET, dans la *Revue hebdomadaire*.

la vengeance est une perte de temps, on s'y diminue,
s'y durcit et s'y corrompt. Aussi souhaiterai-je que
l'éducation atténue le mal prochain ; nous ne pouvons y remédier qu'en donnant grand soin dans
l'enseignement à préparer la femme aux œuvres de
charité comme fait la religion. Or ce souci est à peu
près nul chez les pédagogues laïques.

Cela encore serait bien insuffisant. La bonté ne
suffit pas à la femme moderne : à mesure qu'elle
s'affirme l'égale de l'homme, il lui faut la force, —
une force certes harmonique à ses qualités. Un sérieux programme civique satisferait ce besoin :
chez les peuples opprimés, que de femmes trouvent
soutien, valeur et beauté à lutter pour le développement de leur race, de leur langue, de leur
idéal national : elles y affermissent leur individualité ! En France, où nous assumons une si
haute mission humanitaire, quelle importance
ne devrait pas prendre le patriotisme dans la formation de la jeunesse féminine ! quelles joies
religieuses et artistiques elle y pourrait acquérir !

Là seulement même elle peut s'accomplir, gagner l'altière dignité, relever d'altruisme son honnêteté souvent trop égoïste et bourgeoise, et faire res-
plendir de noblesse la beauté. De passive elle
devient active, et cette évolution n'est point seulement nécessaire à son bonheur dans notre époque

où nous ne saurions bientôt plus aimer que des égales : elle commande tout progrès durable du féminisme qui prospèrera avec sûreté du jour seul où il aura instauré le patriotisme dans l'enseigne-ment féminin.

Les vraies forces de la France ressortent de sa puissance de travail, son incessante, infatigable et très diverse activité, et de l'énergie de senti- ment — ou sentimentalité — qui, par son sens moral naturellement délicat et équitable, lui fait consacrer son immense labeur à des fins altruistes. Le seul défaut capital est le gaspillage de notre altruisme. Il se tempèrera dans la mesure où la jeunesse aura pris conscience des belles nécessités de son patriotisme, lequel n'est que l'art de mettre de l'ordre dans son humanitarisme. L'ordre importe d'autant plus que les forces d'activité, donc de dévouement, dont dispose la France, ne sauraient être inépuisables. Il n'est pas de terroirs que n'appauvrissent les cultures les plus généreuses.

TROISIÈME PARTIE

L'EXPANSION NÉCESSAIRE

De telles forces, une brûlante intensité de vie détermine une nécessité d'expansion. L'élite intellectuelle commence à s'en apercevoir, avec la netteté de conscience qui importe ; notre personnel politique lui-même en est touché. Mais quelle autorité déjà, quel poids a la politique extérieure dans les préoccupations de la majorité électorale ? Et les producteurs eux-mêmes tiennent-ils assez compte de la valeur de la conquête des marchés extérieurs ? Pressent-on comme l'expansion intellectuelle et le développement économique de la France sont solidaires ?

CHAPITRE PREMIER·

LA POLITIQUE EXTÉRIEURE

Parmi les candidatures d'hommes de lettres aux élections depuis 1900 — Paul Adam, Maurice Barrès, Henry Bérenger, Hugues Le Roux, Tristan Bernard, Sébastien-Charles Leconte — je voudrais, en en signalant une avec choix, accentuer ce qu'elle a de caractéristique, et, à cette occasion, dégager l'enseignement qu'un certain nombre de faits et de proclamations comportent pour le parti républicain au pouvoir.

L'évolution de M. Paul Adam symbolise celle de tout un groupement. Quand on considère ce qu'a figuré il y a quinze ans sa génération, on est frappé de voir que lui et ses amis, même déjà ses disciples, et enfin ses adversaires ou ses concurrents, se déclaraient avec ensemble des intellectuels anarchistes. Rappelons les noms de Rémy de Gourmont, Félix Fé-

néon, Camille Mauclair, Georges Darien, Henry Beau-
clair, Léon Bloy, Laurent Tailhade, Albert Lantoine,
Charles Albert, Henry Fèvre, les rédacteurs de la
Revue Indépendante ou de ia *Société Nouvelle*.
Camille Mauclair, après avoir publié le *Soleil des
Morts*, roman de mœurs littéraires qui se termine
par l'évocation d'un attentat grandiose où tout
Paris s'effondre, est venu graduellement à un républicanisme toujours aussi libertaire mais serein et
patient par esprit de méthode ; et s'il met quelque
belle vigueur dans ses études à attaquer de notoires
institutions, c'est parce qu'il les veut adapter au
progrès de notre démocratie, non les détruire.
M. Paul Adam, après avoir écrit les *Lettres de Malaisie* et la *Critique des Mœurs*, pose sa candi-
dature à la Chambre, manifestant l'intention d'y
voter en général avec les ministériels actuels tout
en différant d'eux sur maints points précis. Par là il
n'indique point seulement que les intellectuels ont
évolué d'une sorte d'anarchie somptueuse au désir
d'un gouvernement fort ; il précise sur quoi s'est
effectuée chez lui et quelques autres cette évolution : sur l'examen de notre politique extérieure.

Certes auparavant ils se reconnaissaient Français,
par le tempérament, par l'exaltation de certaines
idées traditionnelles autant que de certains instincts
ataviques, par l'expansivité intellectuelle, mais ils

se trouvaient loin d'avoir opéré en eux la synthèse du patriotisme et du républicanisme. Les uns étaient tout près de se laisser griser par le Boulangisme ; les autres, au contraire, perdaient le sens des traditions patriotiques des conventionnels comme des orateurs politiques ou de nos grands écrivains de 1848 : Barbès, Blanqui, Quinet, Michelet, George Sand, Hugo.

Bien peu alors devaient élaborer et constituer fortement en eux le patriotisme socialiste — nécessaire à faire contrepoids au nationalisme, à dégager de toute compromission avec le nationalisme l'idée du patriotisme. Combien apercevaient en 1880, en 1890, en 1900, voire en 1910, qu'on peut être collectiviste et se sentir très profondément Français en un hardi patriotisme ? On doit aujourd'hui songer à faire revivre 1848, 1848 purgé de tout optimisme romantique par les rudes épreuves de 1850, de 1870 et 1871, un 1848 assagi d'idée scientifique, au lieu de vouloir appliquer étroitement à la France de tempérament latin un marxisme tout imprégné d'esprit saxon. Le marxisme revendique un bonheur social presque exclusivement économique, beaucoup trop médiocre et pauvre pour des races formées par un plus chaleureux climat et que n'oppriment pas les mêmes besoins.

Ce patriotisme consiste à nous pénétrer du sen-

timent d'une unité nationale faite de tempérament
et de culture, de telle sorte qu'à l'avènement
d'Etats-Unis de l'Europe l'élément ethnique français, lucide et généreux, ne serait pas absorbé par les
autres. La patrie est un département intellectuel,
nullement économique, dont il faut initialement se
borner à faire tomber les limites douanières. La
patrie, enfin, est, par raison de santé, une sorte de
pays particulièrement salubre à notre tempérament
individuel où se retirer aux heures végétatives de
la vie intérieure pour le retremper de force et de
décision. Aussi faut-il réduire à un certain mini-
mum le patriotisme, ce qui ne fait que le concentrer et lui donner plus de vitalité ; c'est pourquoi le
nationalisme, en le dilatant, au contraire, a affaibli
le patriotisme d'une hypertrophie dont la France a
fort souffert. La France républicaine, en présence
de l'autocratie russe comme du césarisme allemand,
doit rester puissante, consciente de ses traditions
solides et constantes qui remontent aussi loin que
celles des royalistes, de M. Paul Bourget et de
M. Maurras.

Certains intellectuels ont fini par le sentir avec
quelque précision dès qu'ils se sont mis à voyager.
Quand on va en Chine, dans l'Océan Indien ou en
Amérique, on perçoit à quel point nous commençons d'être méconnus dans le monde, et par conséquent à quel point notre idéal républicain est mé-

prisé — littéralement — tandis qu'on admire
l'autoritarisme allemand ou le mercantilisme anglais (envisagés ici en tant que systèmes). Il est
particulièrement intéressant dans le cas de M. Paul
Adam, que ce soit après son séjour aux Etats-Unis
que son impérialisme latin s'est concentré en patriotisme français, qu'il a perçu en même temps les
dangers du néo-boulangisme et de l'internationa-
lisme anarchiste.

Il a paru à lui et à quelques autres — un certain
nombre de candidats s'intitulent « socialistes patriotes » — que le parti républicain avait un peu
trop négligé « la direction » des affaires extérieures
et coloniales. Certes les débats intérieurs valaient
d'attacher les plus grandes énergies, mais il y
a des relations beaucoup plus étroites qu'on n'a
estimé entre la politique intérieure et la diplomatie ;
et il fallait, concurremment, donner à celle-ci autant
de sollicitude si l'on voulait faire de la République
la force de la nation et une force dans l'Europe. Elle
ne peut s'affirmer telle que si notre majorité parlementaire s'avise, en même temps que de ce que fut
la mission européenne de la Révolution, de la pré-
cellence des grandes questions extérieures. Le problème balkanique, la libération de la Serbie, l'extension harmonieuse de la Grèce méritent de nous
passionner plus encore que l'affaire Dreyfus : la justice pour un peuple plus que pour un homme ! Ne fût-

ce que comme épanchement normal de notre valeur - intellectuelle et morale trop longtemps accrue et capitallsée, l'expansion de notre altruisme
est plus nécessaire à notre pays que son progrès
social.

CHAPITRE II

L'EXPANSION FRANÇAISE

La France atteint en ce moment à une de ses périodes de surabondante prospérité. Elle est très riche financièrement et intellectuellement : elle est le premier capitaliste de l'Europe. Il y a déjà là un danger : il y aurait un très grand danger si son expansion ne se faisait dans des conditions à peu près normales. A un maximum de richesse doit répondre un maximum d'activité sous peine d'engorgement et de corruption lente, comme il arrive dans les organismes animaux. L'activité de la France est-elle suffisante ?

Avant de se prononcer, il faut apprécier que l'activité d'une grande nation européenne ne saurait être envisagée dans sa seule production économique. Le rayonnement intellectuel peut consommer la majeure part de son énergie sans que

l'anémie en résulte nécessairement. Dans le cas de
la France, ce n'est point simplement pour elle un
honneur mais un profit d'être la métropole du
monde pensant. L'expansion de sa pensée semble
pour longtemps encore assurée de la prépondérance,
car celle-ci n'est pas seulement la sanction d'une intelligence vive, mais de la plus haute moralité actuelle.

Sans vouloir, en effet, insister outre mesure sur
les scandaleux procès qui montrent l'Allemagne dé-
composée, sur la corruption décadente de la société
américaine ou les vices secrets de l'aristocratie anglaise, sur la débauche grasse des ports hollandais
ou italiens, la primauté dans le dévergondage des
mœurs ne fut imputée à la France que par l'hypocrisie d'Outre-Rhin préparant la guerre de 1870,
puis prenant ses précautions contre la revanche. La
France est morale jusque dans son commerce et
son industrie, répudiant toute camelotte malgré
les nécessités que semblerait devoir faire prévaloir
la concurrence allemande (1) ; elle l'est éminemment dans sa pensée mondiale et sa politique internationale, elle-même dominée par les principes de
ses écrivains rationalistes et de son peuple ensemble pratique et idéaliste, libertaire, égalitaire

(1) Tous les rapports consulaires, étrangers comme
français, signalent la constante « solidité » de la marchan-
dise française.

et, dans la proportion la plus large qui soit connue, fraternitaire.

C'est la moralité de la France qui fait la grandeur, la générosité de son rôle historique. Aux ambitions panbritanniste, pangermaniste, panslaviste, extra-irrédentiste, notre élite n'a jamais opposé qu'un idéal d'expansion pacifique et humanitaire. A la dévorante Germania, à la formule *Greater Britain* comparez la formule « Grande France » ! « Un peuple n'est grand que par sa valeur d'humanité », posait un des prophètes de la démocratie parisienne, Michelet. Tandis que l'Allemagne et l'Angleterre étalent orgueilleusement leur désir de s'augmenter sans cesse aux dépens des autres nations, il suffit à la France d'être moralement grande : la « Grande France » est celle qui a appelé l'Europe à la liberté et à la fraternité, admirée de Kant et de Gœthe, et qui a défendu, dans la mesure du possible, les intérêts des petits peuples, qui a soutenu leurs revendications.

Elle prévaudra. Mais il sera utile, pour que sa victoire coûte le moins de vies, que tous les pays d'ancienne Gaule dont elle voudrait tant voir s'affirmer l'unité intellectuelle sentent fidèlement la nécessité et la beauté de leur union en face de l'entente anglo-saxonne. Par la constitution géographique, par la composition de l'âme de la race que détermine le milieu, ils seront obligés de s'associer tôt ou tard : il importe à l'élite, dans chacun d'eux, de le faire percevoir vivement et de travailler avec énergie à l'élaboration de l'avenir commun.

L'expansion française déjà si ample, exercée de longue date par une organisation complexe de « moyens » expérimentés, puissants et régularisés, offre à tous les pays d'ancienne Gaule et particulièrement à ceux qui parlent le français le meilleur véhicule de leur activité multiple. Notamment la Wallonie a tout intérêt à une entente étroite, qui assurerait un meilleur salaire à ses mineurs, des assises plus solides à ses usines neuves, un avenir souriant à son prolétariat dans les immenses colonies dont plusieurs ont un climat plus doux que celui des Ardennes et que la France ne suffit à peupler, un public étendu et par suite vivifiant à ses artistes.

Depuis 1900 se fête une renaissance de l'industrie et du commerce en France.

Elle se manifeste entre autres signes par la prépondérance dans l'industrie de l'automobile, les progrès rapides dans les industries électro-chimiques, par la mise en valeur des inépuisables réserves de cette houille blanche appelée à jouer un aussi grand rôle régénérateur dans les pays latins que la houille noire, plus vite consommée, dans les pays anglo-saxons, par l'amélioration récente de nos plus vieilles industries (1) (tissus, soieries, etc.), par le perfectionnement de nos commis-voyageurs reconquérant peu à peu les marchés du Maroc, du Levant et bientôt de l'Extrême-Orient où les chambres de commerce envoient des missions savantes, par le développement de nos écoles spéciales de mieux en mieux outillées. Les colonies assurent le plus vaste débouché. Elle sont très prospères : l'Algérie seule, qui date d'un demi-siècle, a un commerce supérieur à celui de plusieurs Etats d'Europe (la Grèce, le Portugal, la Norvège et la Roumanie) ; elles sont très actives : Djibouti, Tamatave, Haïphong, Conakry ont grandi de bourgades en populeuses cités avec une célérité analogue à celle des villes-champignons d'Amérique ; elles offrent une diversité de ressources incomparable aux travailleurs décidés.

Les lettres et les arts enfin tiennent une place capitale, même au point de vue commercial, dans l'expansion française : les livres de pédagogie, les traités scientifiques clairs, les romans s'exportent aux antipodes ; les théâtres de Paris y attirent une population flottante très riche qu'habillent les faiseuses réputées et les grands magasins ; les tableaux non seulement de Delacroix, de Millet et des peintres de l'école de

____

(1) Les Allemands eux mêmes en font l'éloge. Cf. le si intéressant livre de M. HURET, *Rhin et Westphalie*, Fasquelle, édit., 1907.

1830, mais des Manet, des Impressionnistes, des Vuillard, des Roussel, des Maurice Denis, des Gauguin, des Redon font les grands prix en Allemagne et aux États-Unis qui s'arrachent les Cézanne, les Renoir comme ils se disputeront demain pour les hautes sommes les Guérin, les Dufrénoy, les Flandrin, les Lacoste, les Valtat, les Bouche qu'ils n'ont le flair d'acheter aujourd'hui.

L'expansion française est donc considérable. Cependant elle se découvre insuffisante. Nos denrées du midi sont payées trop cher par les Wallons et les Rhénans ; Suisses et Wallons ne peuvent s'employer en nombre de grandes entreprises que dans des conditions d'infériorité ; le français, langue du progrès intellectuel et par suite moyen de richesse, est à demi persécuté en Belgique, proscrit en Alsace-Lorraine. Pour affermir son empire pacifique et son idéal pacifiste, s'il est indispensable à la France de recouvrer l'Alsace-Lorraine — nous l'avons dit : autant que possible par une combinaison géniale de diplomatie — il l'est *également* d'assurer l'entente économique et intellectuelle absolue avec les pays d'ancienne Gaule.

Sans qu'on s'en rende toujours assez subtilement compte, elle s'y prépare.

CHAPITRE III

FRANCE ET WALLONIE

La nécessité s'avère pour nous d'une alliance plus intime entre les états d'ancienne Gaule afin qu'en Europe l'idéal humanitaire de notre Occident prévaille en face des puissances d'oppression. Avec nul, parmi ces divers pays, l'union morale n'est plus essentielle qu'avec la Wallonie.

Même race, même idéal. Bien plus, pour exprimer les besoins et les aspirations, même langue, — chair de l'idéal et âme de la race.

I

Prenons à témoin un livre de première autorité, de captivante polémique, qui vient de paraître en 1913 à Mons, par les soins pressants de M. Lambilliotte, secrétaire des *Amitiés françaises*, l'un des leaders intellectuels de cette ville qui est un foyer de culture. Il recueille les rapports et procès-verbaux des discussions du *Congrès International des Amitiés françaises* tenu en 1911.

Nous laisserons de côté sur la question de Flandre les énergiques, doctes et généreuses études de MM. Dumont-Wilden, Maurice de Miomandre, Gérard Harry, Franz Olyff, Sasserath et Engel, Louis Dufrane, Raulin (très ingénieux essai sur l'art), même les révélatrices communications touchant la Wallonie de M. Jennissen qui fut un vrai créateur en fondant les « Amitiés Française » à Liège, Olympe Gilbart (dictionnaire général de la langue wallonne), René Lyr (musique), Ernest Champeaux (savoureuse étude, qui sent le cru robuste, à fin de comparer la Wallonie à la Bourgogne et établir la nécessité de leur association), Raulin, G. Ducroq, etc.

Attachons nous aux études générales et aux discours d'ouverture et de clôture. Ceux-ci — de très belle tenue et de haute portée — sont de M. François André, président du Conseil provincial de Hainaut. Voici ses déclarations :

« Nous aimons toutes les nations, mais nous aimons mieux la France.

« L'on a dit souvent : « Tout homme a deux patries, la sienne et la France ». Ce n'est point exact pour nous ; nous n'avons qu'une patrie : la Belgique et la France.

« Si notre intérêt immédiat ne nous poussait point

vers la France, nous lui tendrions tout de même des mains fraternelles, une invincible affinité nous aimantant vers elle.

« Nous sommes tous d'accord pour dire que tout attentat contre la culture française est un attentat contre l'idée qui vivifie le monde. »

Après avoir cité un éblouissant poème de notre grand Verhaeren, il conclut :

« Le vaisseau clair dont parle Verharen c'est la Vie, et aujourd'hui comme hier, comme demain, la Vie c'est avant tout la France ; par la mer immense le beau navire à la voile latine vogue à la recherche de la vérité, c'est-à-dire de la Beauté.

« En la France vibre à jamais l'espoir du Monde. »

Après lui, M. Dumont-Wilden, au nom du Comité organisateur belge, a précisé divers points, avec son admirable netteté de conscience :

« Tous, ayant constaté que notre vie morale était gouvernée par des idées françaises, nous croyons avoir le droit et le devoir de prendre place à côté des Français de France pour la défense, l'illustration et la propagation de l'idéal français.

« La France a créé l'unité de l'Italie, et la nation italienne traite la culture française avec une sourde hostilité. La France a puissamment contribué à la création de la nationalité belge, et il y a en Belgique un parti puissant qui combat, tantôt ouvertement, tantôt d'une manière déguisée, l'influence française à qui la Belgique doit sa liberté et presque toute sa culture, mu dans cette entreprise soit par la crainte aujourd'hui chimérique de voir le français extirper la langue flamande dont personne parmi nous ne méconnait les droits, soit dans l'espoir, également chimérique, de constituer une culture belge, indépendante de la culture française. Mais trop de liens unissent la Belgique à la France pour qu'une telle entreprise puisse réussir. Même dans nos villes flamandes, mais surtout assurément dans nos villes wallonnes, toute la jeunesse intellectuelle a été formée par les écrivains et les penseurs français. Ce serait mal la connaître que de croire qu'elle n'en a point gardé de la reconnaissance. »

Disons même : les Wallons et les Flamands ne doivent aucune *reconnaissance*, mais seulement une *connaissance* ; la langue, la pensée française sont leur bien autant que le nôtre : nous avons tous les mêmes droits, les mêmes devoirs envers l'humanité.

II

Ayant lu le livre j'ai voulu voir, plus exactement revoir. Je fus à Liège, à Charleroi, à Namur, à Mons, et jusqu'à Arlon, près de Luxembourg. Je m'y trouvai en plein cœur du mouvement régionaliste qui depuis quelques années émeut, meut, dilate, en les exaltant à leur plus haute puissance d'âme, ces palpitantes provinces du laborieux et libéral Occident de l'Europe. Combien en ces temps l'on a senti plus profondément dans l'unité de langue la communauté d'idéal de part et d'autre de la frontière artificielle imposée en 1815, par les empereurs effrayés des progrès de la Liberté !

Je me rendis à Mons le dimanche où se tenait une séance du congrès permanent des Wallons, aux fins de choisir un drapeau, un insigne, un jour de fête, un chant communs à toute la Wallonie, soit aux trois millions et demi environ d'hommes qui habitent la moitié de la Belgique. Depuis 1912 surtout, ils ont éprouvé la nécessité de s'affirmer étroitement unis en face des Flamands et du gouvernement de Bruxelles qui, par faiblesse envers les flamingants, les laisse frustrer, même opprimer et parfois flamandiser de force par ceux-ci.

Après avoir établi qu'il existe une unité wallonne, — faite d'une communauté de race, de tempéraments, de culture, d'idéal que rendent de plus en plus sensible et consciente l'oppression flamande et la menace de l'invasion allemande — ils ont décidé qu'il fallait « fortifier cette unité sans trêve ». Dès lors, on comprend que l'assemblée wallonne ait inscrit à son programme la détermination d'un drapeau, d'insignes, d'un chant et d'une fête :

« Ces symboles ne sont pas pour un peuple de vaniteuses glorifications de soi-même », a prononcé

M. Dupierreux dans son rapport où les généreuses qualités littéraires donnent un beau relief coloré à la pensée de tous ; ils signifient « la nécessité des abdications locales au profit de la cause collective ».

A la séance, je fus frappé du parfait esprit égalitaire des sénateurs ou députés vis-à-vis les jeunes gens sans autorité électorale ne participant à l'Assemblée qu'en raison de leurs capacités et de leur initiative [patriotique. Cela dénote chez les Wallons la maturité du génie politique. Il y avait lieu d'admirer plus encore la discipline avec laquelle tous s'inclinaient, après des oppositions véhémentes, devant le vote de la majorité : que parle-t-on sans cesse de l'irréductible « individualisme » des Wallons ? Dieu merci, ils ne cessent de montrer depuis quelque temps un remarquable solidarisme ; s'ils y persévèrent, il faudra bien qu'on fasse droit à leurs réclamations si justes.

Là se rencontraient des opportunistes et de vigoureux partisans d'une franchise radicale. Leurs sentiments adverses ne tardèrent point à s'opposer avec éclat. Comme la grande majorité désirait choisir pour emblème héraldique le coq, M. Hennebicq, président de la Ligue Maritime Belge, résidant à Anvers, parla avec une éloquence adroite, une subtile énergie, une maîtrise tranchante pour faire valoir que l'on considérerait le choix du coq comme la volonté d'un rapprochement trop intime avec la France,

presque un renoncement au nationalisme belge. « Si
nous prenons le coq, ajouta-t-il, les Flamands adop-
teront l'aigle allemand. »

Ainsi, gratuitement sans doute, prêtait-il aux Flamands une impulsivité, une violence de sentiments,
une déraison déconcertante. Pour des Flamands,
choisir l'aigle allemand ne serait pas seulement
une injure incompréhensible à la France, mais *une
trahison envers la Flandre*, l'oubli grossier de
leur histoire : elle établit qu'ils doivent leur belle
civilisation et leur génie régional bien plus à leurs
relations intellectuelles avec la France qu'avec l'Allemagne. Dans le présent aussi, imaginons-nous une
Flandre qui, délibérément, se décapiterait de ses
Verhaeren, de ses Maeterlinck, de ses Rodenbach,
de l'élite qui fait son honneur en Europe, pour limiter tout son idéal de pensée à la prose électorale du
démagogue Camille Huysmans, faro de kermesses
sordides ?

L'Assemblée wallonne ne pouvait renoncer à son
emblème gaulois. C'eût été, elle aussi, trahir la
Wallonie, sa culture latine, l'idéal occidental qu'elle
a de commun avec la France. M. Hennebicq et quelques autres laissent trop étouffer leur idéalisme par
leur utilitarisme : un peuple admirable comme les
Wallons n'a pas que des droits en face des flamingants ! Sa grandeur est de sentir ses devoirs et d'y
sacrifier. Devoirs qui ne se caractérisent pas, s'il

le veut, envers la France mais envers l'Europe, envers l'avenir. Ils sont tenus d'aider intimement la France à défendre et illustrer la langue française, qui appartient aux Wallons tout autant qu'aux Picards et plus encore qu'aux Provençaux, à répandre en Europe le génie celtique de liberté, d'égalité et de fraternité.

Le maire de Mons, M. Jennissen, M. Chainaye, M. Pastour, quelques autres, ont signifié avec ferveur qu'ils entendaient ne pas émasculer leur pays de sa noblesse, et que sous les menaces du césarisme allemand ils ne manqueraient pas de cœur en cachant leur affection pour la France. Les quatre cinquièmes des congressistes les applaudissaient avec ardeur. Hommes politiques aux vues nettes, aux tactiques fécondes, le leader Destrée, M. François André, veillaient par-dessus tout à assurer la puissance du mouvement régionaliste : elle s'est précisée par le choix du coq hardi, d'un drapeau unicolore que pourra cravater une écharpe aux couleurs belges, le choix pour fête nationale de l'anniversaire des journées de septembre 1830, où les Wallons défendirent victorieusement, contre les gens du Nord, leur langue, leur culture et leurs libertés.

Tout cela constitue leur personnalité même, leur originalité en Europe et leur utilité européenne, par là leur raison de vivre et leur droit à la vie. C'est exactement de ces prérogatives qu'il s'agissait pour eux !

Nous méconnaisons en France combien ils y tiennent. Le savoir donnerait à beaucoup d'entre nous une confiance plus entraînante en la grandeur d'une langue et d'un idéal dont à aucun prix il ne faut laisser amoindrir l'intégrité, l'humanité. Une solidarité plus consciente nous permettrait à tous, Français d'Alsace-Lorraine et des provinces non annexées, Wallons et Suisses, d'assurer en Europe un plus ample épanchement de notre génie commun où la liberté s'asservit aux devoirs de fraternité envers les autres peuples.

CHAPITRE IV

LES RELATIONS AVEC L'ÉTRANGER

On sait communément que cette influence de la
France, prépondérante en Europe au xviie et au
xviiie siècle, a gravement décru au xixe, et surtout
depuis 1870 ; mais on a moins souvent songé à con-
sidérer, en recherchant les causes de sa décadence,
l'évolution sociale qui s'est poursuivie en Europe
depuis 1789.

Aux temps antérieurs ce sont les aristocraties des
divers pays qui requièrent notre ascendant jusqu'à
se franciser presque complètement : entichées de
nos modes et de notre élégance, elles conversent,
écrivent et se confessent dans notre langue. Mais
soudain Paris prend l'initiative des révolutions politiques : les aristocraties, ruinées et disgraciées,
lui vouent leurs rancœurs, elles ne continuent plus
à subir quelque culture française que par routine,
par mondanité. La séparation de l'Eglise et de l'Etat

acheva hier de restreindre l'empire de notre action
par la fermeture des écoles et des couvents où les
jeunes gens et jeunes filles des milieux conservateurs venaient encore recevoir une éducation empreinte du génie de notre xvıı° siècle.

Cependant les classes à qui profita le progrès de
la démocratie, et qui doivent leur enrichissement à
l'entreprise de l'élite républicaine française, ne lui
gardaient, en général, de leur côté, qu'une reconnaissance confuse, déclamatoire, quand elles ne ré-
pondaient point par une méconnaissance brutale. La
nouvelle bourgeoisie, pressée d'accumuler les gains,
d'accaparer les situations et d'assurer les conquêtes,
s'affairait, surtout dans la seconde moitié du xıx° siècle, selon le mouvement positiviste, à une culture
tout utilitaire. Elle ne voulait s'embarrasser l'esprit
que d'une instruction pratique, modérée ou médiocre,
rapide, économique, simplistement méthodique à
l'imitation de l'instruction militaire : la science superficielle et réduite à une nomenclature, la discipline de comptabilité, les procédés d'éducation au-
toritaire de l'Allemagne, sa civilisation universitaire
ne pouvaient que lui en imposer. Aussi, au lendemain de 1871, l'Allemagne devenait définitivement
la métropole intellectuelle (1) de l'immense petite

(1) Synthétiquement le mot *intellectuelle* est juste en sa
généralité : quoique *Paris* reste la métropole *libérale* pour
un grand nombre d'intellectuels dans tous les pays et que

bourgeoisie européenne, de la majeure partie de la grande bourgeoisie, comme de l'aristocratie soucieuse de récupérer quelque puissance dans les affaires.

. La France restait à leurs yeux entachée de romantisme : sous ce mot générique se confondaient les reproches de générosité peu pratique, de sacrifice maladroit à l'idéal, d'humanitairerie sans rapport, de fraternité partageuse parce que pouilleuse, de libéralisme brouillon et dilapidateur des finances publiques, d'égalitarisme concussionnaire, d'amoralité militante et dilettante jusqu'au cynisme, d'irreligion exaspérée jusqu'à la dégénérescence cérébrale. On affectait de continuer à aimer pour sa grâce séduisante, tout en la méprisant, cette nation efféminée, aux arts galants, aux cités et aux femmes galantes, aux écrivains et aux officiers galantins. Les propos des émigrés, les romans pessimistes des naturalistes, les critiques d'académiciens qui en accentuaient la portée, les livres et journaux des

sur certains pays la pensée de ses écrivains exerce toujours la plus vive attirance, nos universités et nos milieux artistiques de provinces sont méconnus, les livres qui ont le plus d'expansion sont des traités ou manuels allemands. D'autre part, le mot « intellectuels » désigne en même temps que les écrivains et lettrés indépendants, en majorité fidèles à la France, les diplômés qui tiennent la bureaucratie ou les professions dites libérales, et font les programmes.

néo-royalistes confirmaient les gens dans ce sentiment ; en ces dernières années encore des esprits
fins, doctes mais anarchistes, comme MM. Maurras
et Lasserre, travaillèrent plus efficacement qu'un
Hervé contre la patrie (1). Constamment nous furent-
ils cités à l'étranger comme proclamateurs — nécessairement impartiaux — de l'amoralité et de l'infériorité françaises ; à Florence, à Vienne, à Cracovie,
comme sans doute à Bucharest et à Madrid, les petits-fils des paysans et des citadins enrichis par le
mouvement démocratique issu de 1789, jouvenceaux
snobs ou étudiants gommeux à érudition sommaire
et suffisante, savourent leurs articles, bréviaires des
jeunes crevés cosmopolites, et apprennent d'eux à
nous dénigrer.

Il convient, dans l'intérêt de l'Europe même, que
nous recouvrions notre ancienne influence intellectuelle en nous adressant vigoureusement à la faction
régnante de la démocratie, en lui démontrant l'inep-
tie dangereuse de son ingratitude et de ses ignorances, en lui faisant connaître la France d'aujour-

(1) Ils sont au fond aussi *antifrançais* puisqu'ils vili-
pendent en bloc non seulement la représentation de la
forte majorité de la nation, mais son génie libéral et une
activité républicaine qui poursuivent avec fidélité l'œuvre
des meilleurs rois, des grands ministres et des généraux
de l'Ancien Régime.

d'hui dans sa variété laborieuse, modestement
féconde, et la calme supériorité de notre culture
sur la Kultur allemande comme sur toute anglomanie. Certes, on ne saurait nier ce que comporte de
déséquilibre financier, de désordre intellectuel,
d'anémie morale — dans certains milieux trop en
vue, — d'ignorantisme politique et par suite d'impuissance parlementaire, à une époque de surme-
nage et donc de rapacité, le rude effort de la France
vers un nouvel ordre politique plus stable et plus
impartial que l'Ancien Régime. Mais la France reste,
entre toutes, une nation travailleuse, économe sans
âpreté, savante sans prétention, forte sans arro-
gance, généreuse, digne, soucieuse de sa mission
internationale d'éducatrice.

La tâche capitale est donc de révéler aux classes
démocratiques de l'Europe la France d'aujourd'hui,
pour cela de multiplier les relations amicales avec
leurs élites dans les divers pays. Aucun organisme,
à Paris, ne répond à cette nécessité. Certes *l'Alliance française* a rendu de grands services, mais
surtout dans le domaine de l'enseignement primaire ;
par contre, elle se refuse systématiquement à agir
dans les contrées où il serait le plus méritoire de
combattre. Ainsi, en Alsace-Lorraine et en Posnanie,
elle néglige bien des villes qui sollicitèrent son attention ; dans d'autres elle envoie des conférenciers qui
se font une élégance ou un profit de décrier la France

contemporaine : fort justement on l'a signalé pour
l'Amérique dans *La Grande Revue* ; chacun de
nous a recueilli dans chaque voyage des doléances :
on l'accuse de s'embourgeoiser. Sans méconnaître
la valeur de son œuvre — ce qui serait plus qu'injuste — il faut s'empresser à son aide, créer une
société de propagation adroite mais, hardie, qui
supplée en certains pays à son activité amollie ou
prudente jusqu'à la pusillanimité.

Elle pourrait grouper les énergies patriotiques des
deux Frances en les conciliant, voire les réconciliant,
pour l'expansion à l'étranger. Parallèlement, sans
perdre leurs forces à se dénigrer les uns les autres,
les conservateurs s'y consacreraient à vulgariser ce
qui semble plus sain dans les entreprises d'action
française qui ont trouvé grâce devant leur critique ;
et les républicains, délaissant les vaines polémiques
où s'embourbe un zèle digne d'autres efforts, feraient valoir le travail le plus positif des penseurs
disciples de Rousseau et de l'Encyclopédie. Ceux-ci
construisent un idéal de bonheur collectif plus équitable et harmonieux que les réclamations indivi-
dualistes des Ibsen et des Nietzsche ; les historiens
de la Sorbonne opposent aux épopées protestantes
des Treitschke des œuvres où la vérité française
s'élucide de l'impartialité scientifique ; des ministres
et des rapporteurs alertes élaborent, des discussions oiseuses de commissions, d'excellentes lois

sociales ignorées des chroniqueurs prussiens. La meilleure façon de lutter contre ses adversaires, surtout quand ils sont des compatriotes, c'est de communiquer son admiration pour les maîtres et les livres qu'on a élus pour directeurs.

CHAPITRE V

FRANCE ET ITALIE

Ce qu'est, ce que peut devenir l'influénce française à l'étranger, la connaissance de nos relations avec l'Italie, « la sœur latine ». aide à l'évaluer le plus exactement.

Depuis quelques années, elles se sont heureusement resserrées. A la guerre économique très âpre où, par la faute de Crispi, l'on s'acharna de 1888 à 1898 succéda une période d'échanges de plus en plus profitables : ils passèrent de 254 millions à 378 par an, enrichissant particulièrement les villes de Livourne, Gênes (1), Florence, Messine (2), des provinces comme celles de Bari dont la production

(1) Tous ces chiffres sont extraits d'articles de M. Lemasson à *La Dépêche de Toulouse*. « A égalité de prix, la préférence est donnée, à Gênes, au produit dont on apprécie le fini, la qualité, la solidité »,

(2) A Messine, au lendemain de l'accord franco-italien

agricole fut multipliée par l'entreprise française. Notre collaboration — et sur quelques points, provisoirement, notre direction — ne doivent pas être moins favorables à la production intellectuelle de la péninsule. Or il ne semble pas que de ce côté nos échanges soient aussi sérieux qu'ils pourraient l'être, ce qui résulte sans doute en grande partie de ce que l'on n'éprouve pas en Italie une sympathie aussi spontanée et prédominante pour nous que l'affection profonde, voluptueuse mais aussi sentimentale et rationaliste, que nous portons à l'Italie : dans les salons de Florence ou de Rome comme dans les bureaux de Gênes ou de Milan, on continue trop fréquemment à faire des réserves sur notre valeur, au profit de l'Allemagne et de l'Angleterre, alors que l'unanimité des Français aiment sans restriction les Italiens en leur souhaitant une prospérité toujours croissante.

C'est un des thèmes les plus heureux de la conversation parisienne de ces dernières années que notre attention est captivée avant tout par l'Italie. On admire le développement de ses grandes industries sportives. On loue la confiance que la nation s'applique à prendre peu en peu en soi. On s'enthousiasme pour le relèvement certain de cette jeune puissance au premier rang à côté de l'Angle-

de 1859, le mouvement des affaires augmenta dans la proportion de 68 0/0.

terre, de l'Allemagne, de la Russie et de la France, au-dessus de l'Autriche-Hongrie nécessairement divisée, indécise, anarchiste sous son unité de parade et son fonctionnarisme pangermaniste.

En de tels propos nous retrouvons évidemment le plaisir généreux qu'éprouve l'esprit français à vanter tout pays chez qui il sent la palpitation d'une activité nouvelle, mais aussi une sorte de fierté de race où se trahit la fraternité latine, — celle même d'ailleurs qui nous fait observer, avec un attrait plus impatient depuis de récents désastres, le réveil lent de l'Espagne. Quelque désintéressée que soit cette ferveur des Français pour leurs frères de la Péninsule, elle s'entretient et s'encourage du sentiment que, obéissant de plus en plus à la force de ses instincts ethniques, l'Italie se rapproche plus volontiers de la France par delà les combinaisons diplomatiques de telle camarilla démocratique, inintelligemment utilitaire par mimétisme des Allemands.

I

Durant 1907 et 1908, les fêtes populaires à Paris en l'honneur des reines de ses marchés, déléguées de Florence et de Milan, les ovations aux compagnons de Garibaldi devant son monument, ont été la représentation sensible de l'accueil que les grandes villes de France et de notre Algérie réservaient depuis trente ans aux ouvriers italiens. L'Italie, où prospère aujourd'hui, dans toute sa vigueur de méthode nouvelle, la science de la statistique, ne peut manquer de constater la largeur de cette hospitalité si libre qu'on a pu parler d'envahissement.

L'Invasion (1), tel est même le titre d'un important roman de Louis Bertrand, écrivain vigoureux et coloriste qu'a rendu célèbre *Le Sang des races* (2) où il exaltait l'ardente fusion des races latines au rivage africain de la Méditerranée. Cette fois il étudie Marseille, la Provence française se laissant volontiers déborder par l'immigration des miséreux transalpins.

On y constate en le personnage d'Emmanuel, type moyen de notre ouvrier, avec ses dons de sentimentalité, de patience, de douceur et de crédulité, quelle attirance exerce sur le Français du Centre la femme italienne, plus courageuse, plus noblement humaine et plus délicate que le mâle italien. Le drame ethnique du beau roman, solide et mouvementé, tient dans l'amour contenu et fidèle de ce Français moyen et de cette Italienne institutrice qui tend à s'élever au-dessus de sa condition dans un

(1) Louis BERTRAND, *L'Invasion* (Fasquelle éd.), *Le Jardin de la mort* (Ollendorf), *Là Cina* (*id.*), *Le Sang des races* (*id.*).
(2) Louis BERTRAND, *Le Sang des races* (Ollendorff, éd.).

milieu national supérieur. Il est vrai qu'autour de
ces deux héros, sympathiques parce qu'ils caractérisent chacun les qualités de sa race, Louis Bertrand
a déchaîné, dans leur brutalité menaçante et criminelle, les nervi italiens dont les bandes terrorisent
les quartiers laborieux de Marseille. Mais si, en auteur réaliste, il a dû flétrir l'exaspération des
mauvais instincts de la populace piémontaise ou
toscane poussée par la misère dans un grand port
de France, il ne s'ensuit nullement que la douceur
hospitalière et plaisante des mœurs françaises ne
puisse finir par humaniser et civiliser le caractère
italien, endurci par la sédentarité durant les siècles
aux montagnes natales. Après les turbulences, toujours un peu guerrières, de l'invasion, s'accomplit
en volupté le mélange intime et pacifique des races.
C'est ce que le voyageur se plaît déjà à constater
dans les campagnes, toujours plus propices que les
grandes villes à ces alliances, de toute la Côte
d'Azur ou du département de Constantine. Le plus
joli type d'humanité y fleurit, où l'âpreté provençale
soit s'adoucit de molle beauté sicilienne, soit se sty-
lise dans un profil romain attendri.

II

Comme nos villes et nos plaines s'ouvraient à
l'émigration, nos journaux, nos revues, nos maisons

d'éditions s'ouvraient aux productions de la littérature italienne avec une cordialité spontanée. C'est Paris qui, il y a quelques années, imposait l'œuvre de Gabriele d'Annunzio à l'admiration de maints pays, du sien même. Il conférait la notoriété mondiale à Mlle Matilde Serao et à Mme Grazzia Deledda au moment où les talents de la romancière napolitaine et de la romancière sarde étaient discutés dans la péninsule pour ce qu'ils pouvaient avoir de trop local. Il va la donner à Mme Sibilla Aleramo dont M. Pierre-Paul Plan a traduit *Une femme*, livre féministe sobre, fort, angoissant de vérité, qui est la plus saisissante confession de la passivité de la femme en même temps qu'une revendication pathétique contre la juridiction italienne actuelle.

Avec quelle encourageante et clairvoyante attention la France suit le développement littéraire de l'Italie, on le discerne à la lecture de l'ouvrage récent de Jean Dornis, *Le Roman italien contemporain* (1), qui complète la série de la *Poésie italienne contemporaine* et du *Théâtre italien contemporain*. L'année précédente, le public français — qu'un Scandinave au service de l'Allemagne, le brouillon teutonique Biœrnstierne Biœrnson, accuse d'être si peu curieux des œuvres étrangères — avait déjà

(1) Jean DORNIS, *Le Roman italien contemporain*, 1908, Ollendorff, éditeur.

réservé le meilleur accueil à *La Littérature italienne d'aujourd'hui*, de M. Maurice Muret (1).

Nous ne sachons pas que dans la péninsule on ait, en quelques mois, publié tant d'aussi zélés et bienveillants livres de critique sur notre production. Non seulement M. Maurice Muret analyse l'œuvre des écrivains les plus notoires, Verga, de Amicis, Serao, d'Annunzio, Fogazzaro, Carducci, ou encore les pièces sociales de M. Giacosa, les romans de M. Butti, les drames de M. Roberto Bracco, les poèmes de Mme Adda Negri, les essais de M. Ferrero, — nous en passons — mais il étudie, avec un zèle minutieux et une impartialité érudite, de jeunes écrivains comme M. Enrico Corradini, M. Adolfo Albertazzi, M. Ugo Ojetti, des poètes nouveaux comme M. Angiolo Orvieto, M. Giovanni Cena, M. Domenico Tumiati, des esthéticiens comme M. Benedetto Croce, M. Angelo Conti et M. Mario Morasso, sans oublier les humoristes Luigi Pirandello et Alfredo Panzini.

Nous serions curieux de savoir quel livre italien recueille parallèlement d'aussi intelligentes et probes études sur la jeune littérature française ; par exemple sur les romans riches d'une si intense et sobre sensibilité de M. Charles-Louis Philippe dont cependant le *Bubu-de-Montparnasse* est cé-

(1) Maurice MURET, *La Littérature italienne d'aujourd'hui*, Perrin, éditeur.

lèbre, sur l'œuvre déjà considerable de M. Charles-
Henry Hirsch, qui passionne les Parisiens et se déploie brillamment dans la grande presse, sur *Les
Suppliants* et *L'Enfer* de M. Henry Barbusse, proses
rares ét fortes, sur les récits délicats et pénétrants
de M. Jean Viollis, sur les romans de M. Gaston Ché-
rau, de M. John-Antoine Nau, de M. Eugène Mont-
fort, de M. Jean Vignaud, de M. Regismanset, de
M. Robert Randau, de M. Max-Anely, de M. Francis
de Miomandre, que toute la critique analyse lors des
délibérations pour les prix annuels (1) ; ou encore,
notamment, sur les volumes que la seule désignation de *prix de Rome* littéraires devrait signaler de
façon toute particulière à la presse italienne : *Les
Familiers* du fastueux poète Abel Bonnard ou
L'Homme de peine de Charles Géniaux, émouvante
épopée héroï-comique de la misère aventureuse des
paysans bretons écrite avec autant de truculence
réaliste que de générosité romantique. Sitôt leur
parution en librairie, les romans pathétiques et
délicats, d'un lyrisme amoureux de lumière, de
M. Charles Géniaux sur *La Riviera* ou sur cette

(1) Sur la jeune littérature, les étrangers consulteront
avec fruit l'*Anthologie des poètes,* de MM. Léautaud et Van
Bever (Editions du Mercure de France, 1909), *La Littérature contemporaine,* de Vellay et Le Cardonnel (Ed. du
Mercure 1906), *La Nouvelle Littérature,* 1895-1905, de
MM. Casella et Gaubert (Sansot, 1906), qui se complètent
heureusement.

Tunisie qui fut l'objet de si bouillante préoccupation (1), ne devraient-ils pas être traduits à Milan ou à Naples ?

Mais parmi les maîtres mêmes, si sans doute, nous voulons le croire, un Anatole France est vénéré à Florence comme il fut acclamé à Rome, d'autres grands écrivains comme les Rosny sont-ils lus en Italie autant que l'auteur de *Zarathoustra* ? Cependant nous pouvons avec fierté les opposer — comme supérieurs — à Nietzsche non seulement par l'originalité hardie de livres prestigieux comme le *Bilatéral*, *Vamireh*, *l'Impérieuse Bonté*, *les Xipehuz*, chefs-d'œuvre d'un génie démocratique et latin, et leur lyrisme scientifique plus altier et ensemble délicat que tout surhumanisme, mais par leur morale (2) : vraiment puissante, ample et harmonieuse, synthétiquement individualiste et socialiste, généreuse et forte par un égal éloignement du tolstoïsme asiatique et du nietzschéisme anglomane, elle est beaucoup plus salutaire pour les Italiens. Je pourrais encore parler de M. Camille Lemonnier, de M. Elémir Bourges,

(1) *Les Musulmanes*, éd. du Monde Illustré, 1909. *Le Choc des races* (Fayard éd. 1912.

(2) Cf., pour cette morale scientifique humanitaire, *Daniel Valgraive* et sa préface, *l'Impérieuse Bonté* et sa préface, *l'Indomptée*, *les Ames perdues* et sa préface, *les Origines*, *les Profondeurs de Kyamo*, *la Charpente*, *Sous le fardeau*.

des frères Margueritte, pour ne citer que quelques-
uns parmi les romanciers ; je m'arrêterai seulement
au nom de M. Paul Adam, qui s'est dévoué, en un
labeur magnifique, à la défense, à l'illustration et à
la propagation d'un glorieux panlatinisme : ne de-
vrait-il pas être célébré avec enthousiasme par toute
la péninsule ?

Considérons le roman italien contemporain.

L'œuvre critique que lui a consacrée Jean Dornis
est un livre réfléchi, clair, méthodique, qui nous
fait assister pour ainsi dire à l'effort par lequel
l'Italie s'attache de plus en plus à se construire une
littérature nationale, aspirant à réaliser, après son
unité politique, une sorte d'unité artistique.

« L'Italie, dit Jean Dornis, a déjà donné à l'Europe
le surprenant spectacle d'un Etat qui tire ses
finances du chaos, les ordonne d'une façon qui est,
pour le reste du monde, une leçon et un modèle.
Sans doute, à la fin d'une rapide revue du roman
contemporain d'outre-mont, le lecteur sera-t-il
d'avis qu'un événement du même caractère est à
la veille de se produire dans l'ordre des lettres.
Les romanciers italiens que l'on a vus si longtemps « disciples des étrangers » se préparent
peut-être à se révéler, une fois de plus, les fils des
inventeurs de presque toutes les connaissances
dont s'embellit l'esprit humain. »

Cette aspiration à l'originalité nationale assure déjà la noblesse artistique de la littérature italienne. Une préoccupation constante de dresser la nation au-dessus d'elle-même, chez un Manzoni sentimental et religieux se vouant à mettre la foi au-dessus de l'amour, chez un Fogazzaro jaloux d'élever l'amour à la spiritualité et de reconstituer la croyance avec les données de la science, chez une Mathilde Serao inspirée d'un persévérant souci des humbles, même chez un Edmondo de Amicis, humanitaire d'âme quoique dilettante, en constitue la noblesse morale. Même les romanciers de l'école terrienne, le sicilien Capuana, poète païen de l'exubérance du désir au soleil, G. Verga, rude et fataliste, Mme Deledda, tendre et quelque peu indolente, qui semblent, moins que les autres, avides d'exalter au-dessus de la sensualité du tempérament l'âme italienne, travaillent à son relèvement par l'application qu'ils mettent à révéler l'Italien à lui-même dans l'intensité héroïque de sa nature. Il n'est pas jusqu'à la doctrine de G. d'Annunzio tendant au surhumanisme par le culte de la Beauté qui n'offre au caractère latin un idéal susceptible de le rehausser.

Catholique, morale, humanitaire ou purement esthétique, toute la littérature palpite d'une ambition nationale. Or, à mesure qu'elle s'efforce de se dérober aux influences étrangères — jus-

qu'ici la seule durable et réelle fut celle des auteurs français, celle des Allemands restant superficielle et accidentelle, — elle arrive à présenter avec notre littérature, pour son ardeur à la
beauté et à la vérité par le réalisme, une ressemblance profonde, plus essentielle et plus caractéristique que celle due aux imitations ou aux adap-
tations : un grand air de famille. Coïncidence
expressive de la fraternité des races! Cette concor-
dance, cet accord entre les deux pays latins par les
lettres, il appartient à Jean Dornis de les préci-
ser et de les resserrer : comme il nous dévoila
l'effort d'une race s'attachant à sa renaissance par
une littérature originale, qu'il révèle aux jeunes
générations d'outremont les forces nouvelles de l'art
français collaborant à un indéfini « relèvement »
de la France en esthétique et en moralité.

III

Nos revues et nos éditeurs ménagent également
le plus large accueil aux historiens et aux savants,
publiant les principaux ouvrages et analysant toutes
les productions de Villari, Ermanno Ferrero, Ettore
Paüs, G. Salvemini, G. Ferrero, Colajanni, Ferri,
comme de Lombroso, Mosso, Marconi, Righi, Murri,

Schrönn, Perroncito, Golgi, Marchiafava, Baccelli (1).

. Les uns et les autres eussent certes beaucoup
gagné à mieux connaître la science française.
Presque tous ceux qui ont fait leurs premières
études supérieures avant 1900 sont intoxiqués d'un
germanisme qui altère chez eux le génie latin,
subtil aux intuitions pénétrantes et vif aux investi-
gations inspirées. On est peiné de voir leurs idées
les plus fécondes s'alourdir dans des méthodes
d'enquête pesamment prudente où tout est rangé
mathématiquement sur le même plan, où la même
valeur intrinsèque est accordée à tous les faits notés
sans considération des valeurs extrinsèques par une
fausse assimilation des sciences expérimentales et
même sociales avec les sciences abstraites. Par
exemple, dans la statistique qui les a tant sé-
duits, un Alfredo Niceforo (2), parce qu'il vint étu-

(1) A elle seule la librairie Alcan a publié 6 volumes de
Lombroso, un de MANTEGAZZA, *Les Exercices physiques et le
développement intellectuel*, et 3 autres ouvrages de Mosso,
les Latins et Anglo-Saxons de COLAJANNI, *Les Criminels dans
l'art* de FERRI et sa *Sociologie criminelle*, *La Psychologie de
l'association* de Louis FERRI, *La Psychologie du Beau* de
PILO, *Les Lois psychologiques du symbolisme* de FERRERO, *la
Criminologie* et *la Superstition socialiste* de GAROFALO, *La
Foule criminelle* de SIGHELE, *L'Economie du Moyen Age* de
CIBRARIO, *L'Economie publique* de MINGHETTI, *Le Socialisme
catholique* de NITTI.

(2) Il a paru de lui en français *Les Classes pauvres*, Giard
et Brière, 1905, *La Police et l'enquête judiciaire scientifique*,

dier à Paris et y réside, peut s'affranchir de plus en
plus de l'influence allemande, de l'esprit de catalo-
gage minutieux et flegmatique pour emprunter aux
Français l'esprit prompt *de choix*, d'interprétation
sans cesse en éveil et même d'improvisation ; seul
il rend la vérité de la vie si complexe, où tout ne
peut être encore mesuré par des chiffres, à cette
science en la rapprochant, si l'on peut dire, de la
physiologie tandis que les Allemands en avaient
fait exclusivement une anatomie. C'est encore cette
ingéniosité, créatrice parce qu'elle est souple comme
la nature qu'elle observe, que donne l'observation
psychologique alerte, avisée et même spirituelle,
c'est la méditation libre des faits offerts par l'expérience quotidienne dans l'enchaînement complexe
de la réalité, c'est l'intuition — dont les Allemands ont tant médit parce que quelques-uns
en avaient mésusé — qui crée le prix et le charme
des travaux des Italiens résidant à Paris, notamment cette si curieuse *Théorie de la Faim* (1) du
Dr Guelpa.

Librairie universelle, 1907, avec des études dans *la Revue
Blanche*, *la Revue* et les périodiques scientifiques qui
affirment la préoccupation dominante de créer une an-
thropologie des classes sociales et spécialement des
classes pauvres, avec celle de déterminer une enquête
judiciaire vraiment scientifique.

(1) Parue à *La Revue*, elle fut développée dans plusieurs
ouvrages parus chez l'éditeur Doin. *La Revue* a tout particu-

Au contraire, un homme de la valeur de M. Guillaume Ferrero, parce qu'il fut imbu de la supériorité allemande, publie ces aveugles *Europa Giovane* et *Militarismo* — dont M. Maurice Muret a donné une excellente critique — où l'on voit célébrer sur une argumentation si fallacieuse l'hégémomie matérielle et spirituelle des Anglo-Saxons résultant de leur pacifisme transcendantal. Dans un voyage en Angleterre et en Prusse, il avait noté les faits apparents et les propos sans tenir compte des forces cachées qui devaient bientôt déterminer, entre autres, l'expédition contre les Boers.

Regrettons encore, avec M. Croce et M. Morasso, que, pour l'esthétique, les Italiens se soient mis avec tant d'ardeur à l'école des penseurs germaniques ; mais ne perçoivent-ils qu'il ne serait pas moins dangereux de s'en tenir à Vico, par un irrédentisme qui n'est plus de mise dans aucun domaine, à l'heure où l'Italie n'aspire plus seulement à son unité, mais à une expansion mondiale ? L'approfondissement des essais de Guyau par la science des néo-lamarkiens peut seul rendre à l'esthétique une valeur positive, créatrice.

lièrement publié les travaux des sociologues italiens, Césare, Paola et Gina Lombroso, G. Ferrero, Ferri, Sighele, Nicefero, Paulucci di Calboli dont M. Jules Claretie a préfacé *Les Larmes et Sourires de l'émigration italienne* (1909).

IV

En art, il semble que la sympathie française pour les récentes découvertes de la technique italienne n'échappe point aux jeunes artistes d'outre-mont. Plusieurs années de suite, l'école divisionniste vint exposer à Paris des recherches de lumière fébriles et pointilleuses près de l'œuvre de son maître Segantini, dont l'Europe put admirer dans l'ampleur d'une exposition cyclique la vision spacieuse, grandiose et tendre à l'Exposition Universelle de 1900. Nulle part Segantini — que M. Robert de la Sizeranne révélait dès 1895 dans *la Revue des Deux-Mondes* par une étude enthousiaste — n'a été aussi puissamment compris, lucidement admiré et efficacement célébré pour un art d'un haut et pur évangélisme que dans ce Paris traité de Babylone moderne par les cuistres prétendus idéalistes de l'Allemagne (1). M. Péladan exalta l'idéalisme de M. Previati comme ne le saurait faire, certes, aucun esthéticien de Breslau ou de Dusseldorff. Aujourd'hui l'on accueille. parmi dix autres, M. Andreotti, modeleur fiévreux et ferme de la femme moderne en ses gestes d'un dé-

(1) *L'art et les artistes* encore lui a consacré une étude en ce sens, février 1909.

coratif à la fois naturel et symbolique, en ses atours
de parade sensuellement mouvementés selon sa cam-
brure ; il vient demander à Paris la renommée pré-
maturée que depuis quelques années notre capitale
a faite à M. Rembrandt Bugatti pour son art d'ani-
malier dont la fraîcheur tout alpestre s'élance par
la simplicité jusqu'à la distinction.

On put féliciter de cette exposition l'initiative ita-
lienne. Aucun syndicat des marchands de la rue
Laffitte et de la rue Richepanse s'est-il, hélas ! formé
pour faire circuler par Gênes, Milan, Florence,
Naples et Palerme une exposition des toiles des
jeunes peintres qu'ils vendent le mieux à Paris,
MM. Charles Guérin, Laprade, Lacoste, Dufrénoy,
Marquet, Manguin, Picasso, Sue, Camoin, Girieud,
Friesz, Vlaminck, Puy, Mmes Cousturier, Marval,
Brémond, Delvolvé, Druon, pour leur faire connaître
les œuvres vigoureuses des Seyssaud et des Bouche
d'un si ardent accent latin, pour leur montrer comment s'est enrichi, exalté et affiné à Paris le talent
des Diriks, des Anglada, des Tarkhoff et des Sla-
vona ? Et cependant, s'il est un portraitiste opulent
et voluptueux, élégant et spirituel devant lequel se
plairaient à poser les dames de Venise et de Sienne,
c'est Charles Guérin, héritier de Monticelli, patient
conciliateur du grand art plastique italien et de notre
vibratile impressionnisme. Dufrenoy, avec une magnificence savoureuse et digne des siècles classiques,

a peint cette Venise que, après Chateaubriand et George Sand, illustrèrent nos Maurice Barrès, nos Anna de. Noailles et nos Henri de Régnier . (1). Mme Cousturier est parmi les femmes le poète le plus chaleureux de la lumière méditerranéenne. M. Valtat, qui laisse les ondulations de l'atmosphère provençale se prolonger et vocaliser dans un dessin à la fois tumultueux et caressant; en ces brûlants paysages de la Côte d'Azur où la terre avec ses pins et ses oliviers se met au diapason de lumière de la mer avec ses lames et ses écumes, mériterait que les Italiens le reconnussent pour maître. La bouillonnante sensualité de ce coloriste, dont le goût inné des Latins pour la mesure fait aussi un harmoniste du soleil, enseignerait le mieux quelle peinture correspond à la nature mi-européenne, mi-africaine de la péninsule.

Evidemment aussi faut-il toujours se plaindre — pour le stimuler — de l'Etat, de nos systèmes parlementaristes de protection et de propagation de l'art. Comment manquer ici de déplorer une fois de plus que la villa Médicis ne recueille pas des hôtes capables de mieux faire apprécier en la cité cosmopolite les facultés de notre race? Mais, au moins,

---

(1) Maurice BARRÈS, *Du sang, de la volupté et de la mort*, Fasqueile, éd. ; — Comtesse Anna de NOAILLES, *La Domination*, C. Lévy, 1907 ; — Henri de RÉGNIER, *La Peur de l'amour*, Editions du *Mercure de France*, 1908.

sied-il de féliciter nos députés avides d'économies
d'avoir maintenu à Rome la maison de France. C'est
une occasion de regretter que près de notre Luxembourg le gouvernement voisin n'entretienne point
une maison d'Italie où elle réunirait des boursiers
d'art : autant que nos futurs Carolus et la clientèle
des Lefebvre d'admirer les Raphael et les Corrège,
ils ont besoin d'étudier nos Gros, nos Delacroix, nos
Géricault, nos Courbet, dont la verve héroïque correspond à l'âme moderne de l'Italie. Ils y gagneraient
plus de consistance dans le mouvement, plus de
substance dans le coloris, plus de véracité dans l'inspiration.

Récemment l'on a même institué un prix de Rome
littéraire : a-t-on entendu parler d'un prix de Paris
dans la cité tévérine ? Il y a quelques années,
M. Clemenceau consacrait en quelque sorte officielle-
ment l'hospitalité française au génie italien en ac-
quérant pour l'Etat des œuvres du sculpteur impres-
sionniste Medardo Rosso, auquel la presse parisienne
prodigua toujours, parmi les polémiques, le plus réconfortant enthousiasme : comment ne pas regretter,
cependant, que, pour les innombrables statues dont
s'est historié le sol transalpin affranchi, les comités
n'aient pas une seule fois songé à appeler un notable
sculpteur français ? Il eût été précieux aux deux nations sœurs de voir rendre un hommage au grand
républicain par le génie français, exprimant, dans les

formes propres à notre sensibilité, l'enthousiasme de notre peuple pour la vaillance libertaire de l'Italie ; après avoir admiré son monument à Hugo, on souhaite, on imagine un Garibaldi de Rodin. Et le superbe talent méridional — martial et lyrique — d'Emile Bourdelle, si magnifiquement déployé dans cette Marseillaise de bronze qu'est *le Monument à la Guerre* de Montauban, excellerait à dresser sur une place de Dijon le souvenir qu'on y garde du défenseur de 1870.

V

A quelque chose malheur doit être bon. Les désastres de Sicile ont ému la France autant que s'ils eussent désolé la Provence ou le Roussillon. Jamais on n'a si fortement senti à quel point les deux nations étaient une même famille. Alors les maisons de commerce ont participé à la souscription nationale : les hommes de lettres, eux, n'auront-ils aucune initiative ? Ne verrons-nous point se constituer à l'instar du comité franco-polonais qui s'organisa récemment pour resserrer les liens entre la France d'aujourd'hui et la Pologne un comité franco-italien d'intellectuels ? Voici plus noble besogne pour un Marinetti qui dépense de si riches dons et manie les deux langues avec une égale virtuosité, comme le prouvait hier sa *Conquête des Etoiles*, scintillante méditerranée de rythmes et de couleurs. Les membres parisiens de la société Dante Alighieri, un professeur de faculté comme M. Dejob ou M. Hauvette et un poète répandu comme M. Pierre de Bouchaud qui conférencient tour à tour à la Sorbonne et à Rome pour la Société des Etudes Italiennes, peuvent-ils se refuser à élargir leur programme pour la propagation de la littérature et de l'art contemporains ? Au moment où l'on médit avec tant d'injustice des Romantiques, ne voudraient-ils aller parler à Florence ou à Milan de ce que les Hugo, les Lamartine, les Musset et les Sand ont écrit pour la glorification européenne de l'Italie ? On a imaginé depuis quelques années dans les lycées les correspondances internationales : n'est-il point singulier qu'à la même époque les poètes qui convoitent le plus le prestige de Hugo renoncent aux grands thèmes humanitaires qu'offrent à leur inspiration les anniversaires, les traités d'alliance, les nobles infortunes désastreuses, pour célébrer le génie d'un peuple fraternel ! A l'exemple de Victor Hugo et de Vigny proclamant l'héroïsme des Grecs insurgés tandis que Delacroix émouvait le public par un visage pathétique de vierge patriote sur les ruines de Missolonghi, à l'exemple de Leconte de Lisle exhortant les courages civiques devant le sacre de Paris en 1871, comment qu'aucun de ceux qui condamnèrent le symbolisme pour admettre le flegmatisme « inhumain » de son esthétique d'art-pour-art, n'ait rien publié sur Messine fumant de la ruée marine ?

Des deux côtés des Alpes, les jeunes générations littéraires gagneraient à s'affranchir tout entières de l'élégance composée que commande notre byzantinisme bourgeois, de leur classicisme de décadence où la sobriété n'est que la stylisation de la pauvreté d'inspiration et de la sécheresse, de cette sorte de nationalisme ignorantin qui les laisse se confiner dans le petit cercle mondain ou demi-mondain où l'observation est plus facile. Il apparaît, quand on lit le livre de M. Maurice Muret, que la nouvelle littérature italienne s'embarrasse encore de dandysme sous quelque forme de « néomachiavélisme ». A Paris on s'est dégagé du menu naturalisme circonscrit aux descriptions patientes d'impasses poisseuses et de chétives bureaucraties : mais les plus généreux talents s'attardent encore trop longtemps, s'étiolent dans la compagnie exclusive des filles, des souteneurs, des étrangères de garnis, des dames à orchidées. Plus pathétiques qu'une biographie de courtisane, voire d'homme de lettres, les grands problèmes, de la renaissance de notre commerce, de l'expansion de notre mentalité, de l'élaboration d'une morale pour la démocratie semblent ne pas retenir notre attention.

Participant à l'initiative des sociétés de propagation, on élargira son terrain d'enquête littéraire, on connaîtra une vie plus complexe, seule fortifiante, seule belle. Il ne s'agit plus de descendre farnienter sur les eaux mortes de Venise, mais d'entrer en contact à Milan, à Rome, à Trieste avec les hommes nouveaux de la plus grande Italie, qui doit être notre alliée pour l'expansion latine dans le monde en loyale mais énergique concurrence avec l'expansion teutonique. L'utilisation de la houille blanche rend la valeur économique maxima aux pays latins où dormaient les plus hautes montagnes à l'heure même où commence à s'épuiser la houille noire, qui assura la suprématie industrialiste des Anglo-Saxons : corrélativement, les intellectuels n'utiliseront-ils pas les forces d'action trop longtemps assoupies à propager contre l'individualisme des tribus gloutonnes des Germains dépeintes par Taine dans ses origines de *la Littérature anglaise* le génie démocratique transmis des Hellènes par les Romains?

CHAPITRE VI

ESPAGNE ET PORTUGAL

I

Les journaux s'occupent quotidiennement du rapprochement franco-espagnol tandis que s'exerce la coopération au Maroc. Même dans la zone d'influence française, le régime nouveau profitera avant tout aux Espagnols qui s'établiront au Rarb comme ils l'ont fait en Oranie : « La France conquiert des pays pour favoriser l'expansion espagnole », disait ironiquement un consul espagnol au lendemain de la perte de Cuba : « nous n'avons pas à nous alarmer de la cession de nos colonies qui nous coûtaient très cher ; grâce à la France nous avons de nouvelles colonies qui ne nous coûtent guère ». Félicitons-nous en ! A nos ministres des affaires étrangères de demander quelque avantage durable : celui qu'il vaudrait de s'assurer en premier, c'est la suprématie de notre langue sur les autres langues étrangères en Espagne. Depuis trente ans, la diplomatie de la République a constamment négligé cette conception ; il serait temps de comprendre que pour un pays comme le nôtre, dont le mouvement d'immigration est restreint, l'expansion de la langue seule peut servir le développement de notre commerce et de notre industrie, en même temps que la propagation de nos idées humanitaires, objet plus cher à un républicain.

France et Espagne sont nations sœurs entre lesquelles l'entente sur un idiome se parachèverait aisément. Il peut se former chez ces deux pays latins un commun patriotisme linguistique. Nous en avons déjà des exemples. James Darmesteter, dans ses *Lettres sur l'Inde*, et Albert Métin, dans son livre investigateur *L'Inde d'aujourd'hui*, relatent comment ce fut grâce à un Espagnol que le français est enseigné à Bombay : M. Pedrazza, professeur en cette ville, constatant qu'il ne pouvait y être utile à sa patrie, conçut le « patriotisme latin » de servir la France ; il provoqua une pétition de notables parsis et d'étudiants qui demandèrent que le français fût inscrit parmi les langues facultatives au programme des examens et finit par l'obtenir, revenant à la charge chaque année, malgré l'opposition vive des commissions anglaises. D'autres Espagnols après lui, de plus en plus nombreux, surtout si notre gouvernement sait les honorer comme il sied, viendront à comprendre qu'il est essentiellement profitable aux races latines d'adopter pour langue internationale le français, la seule latine parmi les trois appelées à se partager le monde dans l'avenir : le français, l'anglais et l'allemand. L'Anglais Wells, dans ses *Anticipations*, parues à Londres il y a quelques années, annonce que le français l'emportera finalement sur les deux autres : cette gloire nous sera plus précieuse si elle s'acquiert par l'aide des nations latines, discernant qu'il va de leur intérêt de le servir de préférence aux langues anglo-saxonnes.

L'union artistique entre la France et l'Espagne triomphe déjà. Nous connaissons leurs écrivains mieux que ne les connaissent les autres Européens ; nous traduisons non seulement des romanciers et des dramaturges comme Blasco Ibanez, Perez Galdos, Larreta, Oller, mais des littérateurs aussi différents que Mme Pardo-Bazan, Gomez Carillo, Sanchez Diaz, etc. ; le théâtre Antoine a joué des pièces du Barcelonais Rossignol, le même qui fleurit nos salons par ses tableaux de jardin ; des peintres comme Zuloaga, Nonel Monturiol, dont les Indépendants ont enregistré le nerveux effort, Yturrino, Raymond Casas, Carlos Vasquez Sert recherchent et obtiennent leurs succès d'aloi à Paris ; Castelluccio y brosse le portrait de nos écrivains notoires ; la France, en deux ans, a modelé et révélé un nouveau grand peintre espagnol, de personnalité fastueuse, Hermenegildo Anglada, que Munich, Vienne et Rome ont proclamé, après Paris l'égal de Velasquez. Maintenant aux États de réaliser la solidarité, l'accord linguistiques !

Des hommes modestes et actifs s'y emploient déjà en Espagne M.. d'Esparbès raconta comment M. Bryois a mérité de la France en créant une nouvelle institution : « les écoles franco-espagnoles » enseignent notre langue en Espagne, sous la protection du ministre de Madrid, là où les Français très nombreux établis au delà des Pyrénées ne parlaient que le catalan. A ces écoles pour enfants sont adjoints des cours d'adultes auxquels viennent non seulement les employés et les étudiants, mais des avocats, des médecins, des professeurs, des journalistes et même en grand nombre des officiers. Ainsi encore à Perthus, à Saint-Sébastien, sur de nombreux points limitrophes où les instituteurs passent la frontière le soir pour aller enseigner le français dans les villages espagnols. Pour notre langue s'accentue un très vif mouvement de sympathie qu'a contribué à déterminer l'action intelligente d'hommes comme M. Mérimée, professeur à la Faculté de Toulouse, ou M. d'Esparbès, allant sans cesse porter leur foi en Espagne.

Les négociants de Bordeaux ont déjà fait beaucoup pour la propagation de notre langue ; mais les professeurs manquent à Barcelone, à Madrid ; par centaines, les enfants attendent des places vacantes aux cours de l'*Alliance*, où le nombre d'assistants quadruple par décade. Cependant, pour servir son commerce et son industrie, l'Allemagne installe partout des collèges.

Peut-être viendra-t-il un jour où, ne sachant résister aux recommandations des députés, on continuera à nommer plus de fonctionnaires qu'il n'en faut, mais en comprenant qu'il vaut mieux les envoyer comme professeurs de cours gratuits de français à l'étranger que comme surnuméraires dans les préfectures. En attendant, le Ministère des affaires étrangères peut acquérir que le nombre d'heures de français soit doublé dans les lycées, surtout que l'enseignement en soit plus méthodique et moins négligé : les professeurs actuels n'obtiennent que de médiocres résultats, l'Etat castillan pourrait exiger d'eux un stage aux universités françaises du Midi. Des avantages devraient être accordés en Espagne aux titulaires de diplômes français. Le budget de l'instruction est très lourd pour l'Espagne obérée : que n'avise-t-elle d'emprunter des professeurs et instituteurs français diplômés pour la langue espagnole dans nos facultés où, sur l'initiative de MM. Morel-Fatio et Mérimée, l'ensei-

gnement de cette langue a pris une grande extension depuis peu. Enfin voici l'Institut de France
inauguré à Madrid ! De telles créations ouvrent une
ère d'altruisme intellectuel : les missionnaires de
notre Université ne vont point imposer l'autorité de
notre esprit mais quérir l'érudition qui leur per-
mettra de défendre et illustrer dans le monde la réputation d'une patrie autre que la leur. Ici en in-
ventoriant les richesses de la littérature et de l'art
espagnols, en analysant quelles ardeurs d'âme en-
flammée et inextinguible en entretiennent l'inspiration, ils célébreront quel relief la luxuriance de la
nature, la vertu défensive de la race donnent à l'orgueil castillan. Il ne fut point morgue mais force de
redressemant sous le joug de l'Islam ; et il provoqua cette largesse audacieuse des cathédrales, cette
superbe jusque dans le réalisme, cet héroïsme de
l'aventure, gages d'ambitieuses vertus utiles à
l'émulation dans l'Europe future.

Maintenant, il incombe à tous de collaborer à
l'œuvre par envoi de subsides aux écoles de l'Alliance française et par propagande, — en comprenant que le grand poème collectif à réaliser pour
les Français du Midi, leur chanson de geste moderne, c'est l'éducation française, je veux dire libérale, des frères espagnols.

II

LE PORTUGAL

On ne saurait, après la proclamation de la République au Portugal, négliger de rappeler avec fidélité quelle solidarité étroite rattacha dans le passé et doit particulièrement unir la France républicaine à cette autre nation latine. Nous entendons constamment en Europe parler des Portugais comme s'ils n'étaient qu'une variété d'Espagnols et tenir leur patrie pour l'apanage de la foi aveugle et une métropole des croisades catholiques. Or, leur génie national est au contraire vigoureusement libéral, sous la détermination des conditions géographiques qui font du pays une contrée exclusivement tournée vers le grand Océan libre, tandis que l'Espagne est baignée par la mer intérieure, et des circonstances historiques qui en ont fait, par-dessus les Castilles, le vrai prolongement de la France méridionale.

C'est à ces confins de l'Europe que se réfugièrent, loin des impérialismes romains ou francs successifs, les Celtes les plus indépendants, renouvelés par des exodes goths. Leur esprit, fondamentalement anti-théologique, ne put jamais s'adapter aux strictes observances de la foi immobilisée en rites ; et il concentra naturellement son ardeur vers l'action. Un fait est significatif : selon la désignation d'un très érudit et intuitif historien des lettres portu-gaises, M. Phileas Lebesgue, « dans les chants popu-laire nationaux, où le merveilleux tient une large place, les dieux n'apparaissent point, tandis que l'Ibère a trouvé d'avance un dogme à défendre... Les Portugais sont les Fils de la Table Ronde, dont l'es-prit individualiste a fomenté celui de la Révolution française, après que les grandes découvertes l'eurent contraint de se ployer au positivisme scien-tifique et à l'observation de la nature ».

Un de leurs plus robustes écrivains, le critique Théophile Braga, a établi qu'après l'écrasement de la France gallo-romaine du Midi par la France gallo-germanique du Nord, la civilisation du Languedoc émigra en Lusitanie, où elle prit la place prépon-dérante. Il montre que le triomphe sanguinaire de la croisade contre les Albigeois consomma la ruine de la littérature provençale, mais en même temps pro-voqua sa diffusion dans l'Europe du Sud. Jailli de la liberté populaire et de la survivance d'anciennes coutumes, le troubadourisme, « où s'incarna durant une époque l'esprit corporatif de la résistance contre le cléricalisme », fut l'âme de la résistance séculaire contre l'absorption castillane et la domination des Jésuites.

L'hostilité contre l'Espagne et le voisinage de l'Océan tournèrent toute l'activité vers le commerce. Or, il semble bien qu'un peuple d'abord commerçant soit nécessairement un peuple libéral à travers les vicissitudes des mœurs guerrières du temps. De fait, malgré la tyrannie des Albuquerque, motivée par les exigences de la lutte contre la thalassocratie arabe, les Portugais se montrèrent beaucoup plus larges dans leurs Indes que les Espagnols et les Anglais. Un des plus circonspects professeurs de la Sorbonne, l'historien de la géographie Gallois, observe que la religion ne fut point le mobile de leurs découvertes et qu'ils respectèrent en Hindoustan la croyance qu'ils y trouvèrent établie. A celui qui considère leur œuvre dans sa ligne générale, il apparaît évident qu'ils conquirent le monde non pour la foi mais pour l'action. Et leurs grands voyages, entrepris à l'initiative des Français de Normandie, eurent l'influence la plus considérable pour l'affranchissement de l'esprit moderne : elles firent perdre à la doctrine traditionnaliste son autorité au profit de la science des faits, et préparèrent après le

Moyen Age monacal et casuistique la première culture positive. Elles suscitèrent l'étude de la Nature, qui sans doute ne fut pas le principe de l'humanisme européen de la Renaissance, trop vite efféminé en culte de la beauté formelle par les prélats italiens et leurs favoris artistes, mais qui, par un travail secret, modifia profondément « dans l'Occident » l'humanisme évoqué par l'étude des Grecs, C'est un penseur portugais qui a écrit : « La Renaissance peut se résumer en un seul mot, l'Action », formule notoirement éloignée de la conception qu'en caressèrent les Italiens dans leur nostalgie amoureuse de l'antiquité.

Action, aventure ; action pratique, aventure commerciale.

Quand Sébastien veut entreprendre une croisade religieuse contre les mécréants marocains, la noblesse elle-même lui adresse les plus vives représentations ; et, à sa mort, les villes refusent d'accepter pour roi le clérical Philippe II. Le joug de la monarchie papiste et le prosélytisme de l'Inquisition, qui achevèrent la ruine du pays, sont intolérables à tous ; aidés par les Français dans une guerre de vingt-six ans, ils recouvrent leur indépendance en 1665. Nos écrivains du xviiie siècle nourrissent parmi eux, jusque chez les ministres, les idées de réformes que Pombal réalisa malgré la ploutocratie anglaise et les Jésuites. Au xixᵉ c'est un ancien officier au service de la France, Loulé, qui reprend son œuvre ; assassiné, il est vengé par les premiers ministres de la monarchie de juillet qui interviennent contre Miguel, instrument des moines, et le forcent à capituler.

Les événements de France sont le point de départ de tout le mouvement lusitanien, comme l'a analysé le Portugais Bruno dans ses *Modernes Publicistes portugais*. On découvre aussi, en suivant les sagaces chroniques consacrées à la vie portugaise dans le *Mercure de France*, que tout le Portugal intellectuel contemporain appartient à l'idée républicaine. Son fédéralisme, qui ne peut aboutir à cause de l'opposition cléricale, procède des utopies de 1848. L'influence politique anglaise est subie avec contrainte ; l'influence intellectuelle française prédomine et fructifie. Ce chaud jardin d'extrême Occident où toutes les plantes brillent, éclatent d'une richesse paradisiaque, où la végétation, resplendit plus que le ciel, étend une terre merveilleuse pour la semence des idées : sa foule brûle de ferveurs religieuses pour l'écrivain, l'orateur, le poète ; elle est toute flamme, tout soleil, pour l'art, la pensée.

En son évolution, la littérature portugaise, fille de nos chansons de geste, grandit fort distincte de la littérature espagnole. Quiconque prend la peine de lire les *Lusiades* dans nos traductions, malheureusement si médiocres, discerne un souci d'exactitude, un sens esthétique de la vérité historique tout opposés à l'inspiration des grands poèmes italiens : Camoëns se vante justement de ne pas célébrer des exploits mensongers et fantaisistes, mais des actions véridiques tellement hautes qu'elles dépassent la fable. Dans la production dramatique, Gil Vicente combat avec courage, dès le xvi° siècle, pour la liberté de conscience. Par malheur, sous l'autorité espagnole, les Jésuites s'emparent ensuite de l'enseignement supérieur et proscrivent le lyrisme populaire. Plus tard, la lutte des Portugais contre eux, au Paraguay, fournira à un Gama la matière d'un poème, dit-on, magnifique, tandis que la multiplicité des traductions françaises assure un développement du littérature philosophique et scientifique. Avant le romantisme européen, la littérature portugaise du xviii° siècle célèbre les splendeurs épiques de la nature ; et aussitôt après, sous l'influence française, avec le retour des émigrés libertaires, s'épanouit pleinement la littérature libérale, franchement romantique, de Garret, formé par l'exil en France, et d'Herculano, l'imitateur de V. Hugo. Les étudiants, nourris de Quinet, de Michelet, de Proudhon, et de Gœthe par l'intermédiaire de Blaze de Bury, fondent l'*Ecole de Coïmbre*, révolutionnaire en politique comme en art. Des écoles parnassienne, naturaliste, symboliste, socialiste lui succèdent. Seules, les études théologiques et philosophiques ne trouvent point de fervent.

De l'observation scrupuleuse de leur civilisation, il ressort que l'effort permanent des Portugais pour régénérer leur pays à l'instar de la France a été admirable et d'une intensité si constante et complexe qu'on peut la qualifier de géniale. Seule, une suite de rois détraqués et bigots, depuis Alphonse VI et Pierre II, l'instigateur du fameux traité Méthuen, l'imbécile Jean V et le francophobe Jean VI jusqu'au monarque tué hier, restreignit et épuisa cette activité luxuriante.

Le resplendissant empire, encore que morcelé, rayonne toujours, par la vigueur des qualités de la race et de la langue dont l'unité, peut être un jour, réunira le Brésil a sa métropole. Le Portugal garde d'immenses colonies que maîtrisa son courage : on veut les lui arracher, les dépecer, tandis que sa démocratie use ses ressources à un nouveau progrès intellectuel. Cependant la Belgique prend l'initiative d'une ligue des petits Etats — Damenark, Hollande, Suisse, Portugal — s'alliant pour garantir leurs territoires ; mais elle ne vaudrait que si une puissance, au cœur, ménageait la concentration de leurs forces en les reliant et soutenant. Comment marchander à

la jeune République, confiance, crédit, assistance ?
On ne le peut pas plus qu'à la Grèce : l'une, à
l'Orient, est notre mère ; l'autre, à l'Occident, notre
fils. Fière lignée que cette franche race, que cette
nation langoureuse aux hardis marins !

CHAPITRE VII

LES SLAVES

I

LE PROBLÈME DE L'EMPIRE RUSSE

Aux moments de crise aussi étreignante que celle
de ces années, où l'on dut accepter l'éventualité
d'une conflagration générale, nous nous laissons
naturellement inciter à ne considérer que le point de
vue des nations occidentales : Allemagne, Angleterre, France, et parfois Italie. Si nos correspon-
dants de guerre analysent avec précision les appétits et les passions des belligérants, nous ne
distinguons guère l'état d'âme *d's autres nations
orientales*, depuis l'Adriatique jusqu'à l'Oural : il
est cependant très important à observer, puisqu'elles sont les plus agitées et les plus impulsives.
Ainsi, Occidentaux, ne voyons-nous dans le présent
conflit que nos *intérêts* relativement lointains, alors
que pour elles se débattent des questions de *vie*

essentielle, de *liberté*. L'extrême gravité de la guerre des nations alliées contre les Turcs est que, indubitablement pour ceux qui ont visité l'Europe de l'Est, elle entraînera le remaniement non seulement des pays balkaniques, mais de cette autre partie tout entière de notre continent.

Les populations slaves de l'Empire ottoman se trouvent en effet affranchies : en entendant briser leurs fers dans la clameur des hymnes patriotiques, comment voulez-vous que d'écho en écho ne se propage pas le réveil, ne se remuent pas bientôt les chaînes dont sont liés tant d'autres Slaves, par millions et millions, dans les autres contrées dites civilisées où pâtissent encore de valeureuses populations asservies ?

Ce serait bien peu les connaître que de tenir compte seulement de la patience avec laquelle elles subissent depuis si longtemps le joug qui leur est odieux : cette patience ne fut point lâcheté, mais sagesse, et même préparation méthodique. Ceux qui poursuivent des relations avec elles savent comme, depuis 1905 surtout, elles vivent dans un état permanent de conspiration, mais de conspiration calculée et rationnelle. Elles « attendent l'heure », ainsi que l'on dit couramment là-bas, et précisément pour la plupart et pour les plus sagaces l'heure favorable ne peut être que celle d'une conflagration générale. Comment, aux jours de grand orage, n'aideraient-elles point un peu à la faire éclater ?

Voici l'Autriche !

Vingt-six millions de Slaves s'y opposent à dix millions environ d'Allemands, auxquels les Hongrois marchandent durement leur alliance. L'institution récente du suffrage universel — qui n'a encore pu développer tous ses effets — tend progressivement à donner la majorité aux Slaves.

Parmi ceux-ci, les Tchèques, énervés, irrités par la pression teutonique, savent n'avoir rien à perdre dans une guerre européenne ; et ils sont d'autant plus impatients de recouvrer intégralement leur autonomie que la maladresse des pangermanistes danubiens les blesse à tout moment : ces derniers mois encore, les autorités viennoises fermaient leurs écoles alors que dans cette capitale *commune* ils se comptent près de quatre cent mille. Le vigoureux leader Kramar, conscience éloquente de la nation, déclarait au Reichsrath que rien ne pouvait davantage éloigner ses compatriotes de toute entente, même de tout compromis, avec les Allemands. Or, depuis, avec un arbitraire égal à celui du tzarisme en Finlande, le pouvoir autrichien suspendit l'autonomie, violant la constitution !

Les Slaves de Croatie, Esclavonie, Bosnie et Herzégovine peuvent être à peine contenus par la rigueur militaire du gouvernement autrichien, par un véritable régime d'occupation policière. Indéniablement sont-ils de surcroît travaillés constamment par des agents serbes et russes.

Les Galiciens (Polonais d'Autriche) se montrent les plus attachés au système actuel de la monarchie des Habsbourg, les plus pacifiques. Mais au milieu d'eux vivent les innombrables exilés qui furent persécutés par la Russie et l'Allemagne et qui, du territoire autrichien, dirigent l'agitation au royaume de Varsovie et au grand-duché de Posen, expédient journaux révolutionnaires et plans d'insurrection ; avec de faux passeports et en payant les policiers russes, leurs chefs, fréquemment, rentrent en toute hardiesse à Lodz et à Varsovie, stimulent la résistance et règlent les comptes. La partie la plus calme de la population éprouve une solidarité absolue avec les malheureux sujets opprimés des deux empires voisins. Elle s'affirme jusque chez les conservateurs au cercle des députés galiciens du Reichsrath qui, cette année, à une réunion dans laquelle faisaient figure trois ministres de l'Autriche, protestaient catégoriquement contre l'application de la loi d'expropriation en Pologne prussienne : ils décidaient qu'il leur serait difficile désormais d'appuyer une politique d'alliance avec l'Allemagne, État qui recourt à des lois d'exception pour chasser tout un peuple du sol cultivé par ses ancêtres !

Dans l'Empire d'Allemagne, les asservis aujour-
d'hui se dénombrent près de dix millions ! L'entente
est étroite entre les Polonais et les Danois ; les
Alsaciens-Lorrains, restés longtemps les plus froids
et isolés, constatent de plus en plus, devant les mesures vexatoires qui se multiplient et leurs désillu-
sions sur les avantages qu'ils escomptaient de leur
constitution, la nécessité d'une coopération plus
serrée. Les Polonais ont jusqu'ici attesté un admirable sang-froid à se servir de tous les moyens
légaux pour assurer la renaissance de leur nationalité, telle que des provinces qui avaient été ger-
manisées depuis 150 ans se sont réveillées polonaises et nomment des députés protestataires. C'est
l'un d'eux, le hardi Korfanty, fils de mineur, élu
presque encore étudiant, qui, ces derniers jours, à
la Diète de Prusse, criait au gouvernement : « Nous
acceptons le combat ! » puisque nous ne pouvons
plus même compter sur la loi et que les promesses
solennelles des rois de Prusse avortent dans les
officines de leurs fonctionnaires.

Ce qu'est la Russie, on le sait depuis quelques
années. La guerre de Mandchourie a révélé que la
faiblesse de l'armée venait du mélange, sans fusion
possible, au régiment. de dix nationalités pour la
plupart hostiles à l'Etat. Les dernières élections à
la Douma ont exaspéré jusqu'aux modérantistes.
Chez les Ukrainiens, comme au royaume de Po-

logne, l'insurrection est prête. D'autant plus redoutable serait-elle que sur la frontière austro-russe les agents de police secrète et les espions, cédant sans doute plus encore à leur tempérament trouble qu'à leurs instructions, excitent l'agitation, provoquent les rixes. Popes et cosaques malmènent les classes pauvres ; les amendes frappent en grêle le clergé romain ; non seulement les bureaux des journaux, mais les demeures des anciens députés à la Douma sont fouillés ; des perquisitions réveillent la nuit les propriétaires jusque dans leurs villas à la campagne. Et la Finlande n'a jamais été à ce point révoltée !

Ceux qui, en France, veulent la paix devraient avant tout persuader Pétersbourg d'adopter enfin une autre politique vis-à-vis des nationalités sujettes. Elles sont exaspérées — au dernier degré — par un régime policier aussi brutal qu'une invasion permanente. La Russie serait d'autant plus avisée de se concilier au moins la neutralité, l'immobilité des Polonais, des Ukrainiens, des Lithuaniens, des Baltiques et des Finlandais — pour ne point parler de ses libéraux, pourchassés et tourmentés de misère — que la situation n'a jamais été plus grave pour elle. Contrairement à ce que l'on exprime chaque jour, le succès des Serbes, Monténégrins, Bulgares et Grecs peut lui être très préjudiciable.

Surtout quand la route de Constantinople va être barrée par de jeunes Etats fermes sur leurs frontières, le démembrement de l'Empire ottoman ne saurait que mettre en goût pour le démembrement d'un Empire qui a usé des mêmes procédés de domination, que mène une orthodoxie aussi ignare et fanatique que le panislamisme, qui glisse avec le même optimisme aveugle vers la décadence. Voyagez en Bavière ou en Saxe, interrogez : pas un ingénieur allemand qui ne suppute avec convoitise les richesses inutilisées dans la vaste Russie ; et son étendue ne la préservera pas plus que le développement de ses territoires n'a fourni de forces de résistance à la Turquie, maîtresse il y a seulement cent ans de tous les Etats balkaniques, depuis la Bessarabie jusqu'à Navarin, de l'Asie Mineure et de l'Arabie, de l'Egypte, de la Tripolitaine, de la Tunisie et de l'Algérie. Trop longtemps contenu, le génie des Russes, supérieurs aux Ottomans, pourrait bien aider à la dislocation, comme les énergies de la Jeune-Turquie stimulèrent Bulgares et Grecs.

LA RIVALITÉ FRANCO-ALLEMANDE EN RUSSIE

Les événements des Balkans ne briguent point seuls à cette heure notre sollicitude ; les manifestations tchéco-polonaises ou tchéco-bulgares qui ont lieu assez régulièrement depuis quelques années, tantôt à Varsovie, tantôt à Prague, tantôt à Sofia, requièrent l'attention. Au premier chef celle de nos ambassadeurs à Pétersbourg entre tous les Français. Elles n'ont point raison de passionner que des peuples de la Slavie comme les Tchèques et les Polonais : faites avant tout contre les Allemands, elles s'offrent comme une « indication » importante pour les Russes et pour leurs alliés les Français. Elles ne relèvent point simplement de l'observation des diplomates : le commerce y est intéressé.

En 1908, à l'occasion du Congrès de Prague, on a exposé dans toute la presse ce qu'était le *néo-sla-*

visme, grande organisation nouvelle des races slaves constituée sur les vestiges du *panslavisme* et fort différente en ce qu'elle ne se propose plus l'assujettissement des nationalités congénères à un vaste impérialisme russe mais une confédération, aussi égalitaire que possible, contre l'impérialisme allemand. Le panslavisme dessinait un mouvement, très fort marqué de fanatisme religieux, contre l'Occident ; le néo-slavisme concentre une activité libérale qui veut au contraire s'inspirer de l'esprit politique de la France et de l'Angleterre pour instruire les masses contre le pangermanisme césarien. Le congrès de Prague (juillet 1908) en fut l'assemblée constituante : là pour la première fois se concertèrent Russes, Polonais, Tchèques, Serbes et Bulgares. On posa pour base qu'il fallait primordialement obtenir pour les Polonais de l'empire russe une certaine autonomie dans le domaine de l'instruction publique parce qu'elle était nécessaire au développement intellectuel et économique pour la résistance à l'invasion progressive des Allemands. Ensuite une conférence se réunit à Pétersbourg au début de 1909 : elle fut tiède, indécise ; les délégués tchèques se plaignirent que, par condescendance pour Guillaume II, le tzar n'eût encore rien accordé aux Polonais tyrannisés, ce qui ne favorisait que la cause allemande.

A Sofia ensuite les abstentions énervèrent, épui-

sèrent la solidarité slave. D'autre part, des fêtes dues
à l'initiative du prince Lubomirski, de M. Antoine
de Zwan, de membres de la Douma, de la bourgeoisie financière, furent destinées à faire pression
sur le tzarisme. Elles prirent à Varsovie un caractère de solennité nationale dans l'enthousiasme public. Les Tchèques en visitèrent les écoles — placées
sous un régime très dur d'exception —, les sociétés
philanthropiques — soumises elles aussi à l'autorité
militaire de « défense renforcée » —, les organisations
financières. Le bourgmestre de Prague, l'honorable
M. Gros, lança aux Polonais un chaleureux appel en
constatant « l'indissolubilité des liens entre les deux
patries ». Jusqu'en 1913 le leader tchèque Kramar
n'hésita point, malgré son amour pour la Russie, à
défendre les Polonais contre le tzarisme. Bref, non
seulement ces frères jadis ennemis se sont cons-
ciemment réconciliés, mais ils s'entendent pour
persuader d'autres frères, les Russes, de la nécessité de modifier leur politique d'oppression à l'égard
des Polonais. Ils y seront d'ailleurs aidés par un
groupe russe de plus en plus puissant qui se recrute dans toutes les opinions et qui n'a d'adversaires
sérieux que dans les cléricaux orthodoxes (Synode
et vieille aristocratie) et la bureaucratie de Pétersbourg, on le sait presque toute allemande.

Le tzar, le pouvoir se trouvent actuellement indé-

cis entre deux grands partis : la Douma et la bureaucratie. Le Saint Synode a contracté alliance avec
cette dernière ; et ils s'appuient sur l'ambassade
d'Allemagne, sur Guillaume II qui multiplie toutes
les occasions de donner des conseils à Nicolas II, qui
avant tout dans les entrevues sur les yachts ou aux
palais impériaux insiste sur la nécessité de maintenir l'état de siège en Pologne. La Douma — dont
les membres visitant Londres et Paris se sont formellement prononcés pour l'atténuation du régime
— voudrait s'appuyer sur les gouvernements français et anglais. Nous ne devons point le cacher :
elle compte plus sur Londres que sur Paris, nos
ambassadeurs s'étant montrés jusqu'ici aussi ti-
mides que la Prusse est pressante dès qu'il s'agit
des « affaires intérieures » de l'Empire. Cependant
ces affaires « intérieures » ressortent de la diplomatie, puisqu'elles sont celles de régions qui ne
peuvent s'exploiter qu'avec les capitaux étrangers
et dont le progrès économique dépend étroitement de leur libération de la tutelle germanique,
de l'industrie germanique, de la colonisation agricole germanique. On a remarqué, lors des solennelles entrevues de 1909, que Edouard VII avait
tenu à saluer dans son toast au tzar l'importance de
la Douma — en fait principale force anti-allemande
— et que M.. Fallières n'y avait risqué aucune
allusion.

Tchèques, Polonais, Lettons, Ukrainiens, Serbes, se plaisent à dénoncer dans les réunions, où ils discutent les moyens de lutter contre l'invasion allemande qui les a déjà à moitié dépossédés, une certaine pusillanimité française ou, si vous le préférez, notre défaut de décision et d'activité. Ils nous reconnaissent très intelligents, mais nous croient impropres aux affaires, mot qui s'applique autant à la diplomatie qu'au commerce. Aussi, même pour les choses de l'intellectualité, tendent-ils à se détourner de nous parce que nous manquons selon eux « de méthode et de courage », « de sens pratique ». Autrefois l'aristocratie de ces divers peuples recevait une éducation toute française ; en ce moment, leur bourgeoisie cède à l'anglomanie et nous préfère même les Suisses comme professeurs d'économie politique et initiateurs à des institutions municipales libérales. Leurs étudiants vont en grand nombre à Londres et à Zurich.

Pour le commerce, pendant deux ou trois ans, ils ont tous fait appel à la France et à l'Angleterre et organisé en leur faveur le boycottage des marchandises allemandes. Quelques délégués parisiens ont été banqueter à Varsovie et ont prononcé des toasts. « Vous êtes très forts pour les discours », nous répétaient avec ironie française plusieurs négociants polonais ; mais nous ne plaçons un seul consul dans toute la Galicie où résident un consul général alle-

mand et même un consul américain qui assure beaucoup d'affaires à son pays. Varsovie, comme l'avait
déclaré Lesseps, est *le grand marché entre l'Orient
et l'Occident* : c'est là qu'il faudrait un attaché
commercial, seul assez libre de travaux de chan-
cellerie pour étudier les moyens de créer des dé-
bouchés sérieux à nos produits que tous les Français
et les commerçants là-bas s'étonnent de ne pas voir
mieux protégés par notre gouvernement. Par la
faute du ministère du commerce, où l'on a peur de
froisser les Allemands, il n'a eu aucune initiative ;
il n'a même pas su renseigner les comités de boycottage quand ceux-ci ont voulu savoir à qui s'adres-
ser en France pour susciter une expansion plus
grande vers leurs pays.

On ne demande là partout qu'à acheter les
marques françaises à la place des germaniques. Les
passions politiques sont très vives en Orient et il n'y
a point de meilleur client qu'elles. Sinon les ministres, *les bureaux* du quai d'Orsay et des ambas-
sades versent trop aisément à faire fi des manifestations tchéco-polonaises ou russo-serbes : ce ne leur
semble que galéjades. fuméede vins de banquets. Rien
n'est moins judicieux. Non seulement ils devraient
prendre goût à ce que ces vins fussent français :
mais tous ces peuples, si légers et agités qu'ils
puissent être — et nous les estimons, nous, au contraire, gens sérieux et pratiques — ont su résister,

persévérer dans leur nationalité et surpeupler sous les pouvoirs les plus déprimants : à cette heure, avec un sens politique réaliste, ils veulent fonder leur indépendance économique avec l'aide de grandes nations amies, et ils s'accordent pour apporter dans l'empire russe leur concours à la Douma slave contre la bureaucratie allemande. Le moment est venu pour notre commerce de servir les sympathies que nous vaut notre génie humanitaire, parce que la liberté du monde prospérera du développement de notre négoce. Ils ont partie liée.

Le commerce autrefois était belle entreprise : exerçant courage et finesse, il entraînait aux voyages merveilleux, à la diplomatie, à la connaissance des mœurs d'où se résolurent l'histoire et la philosophie, d'où se précipita tout le progrès. Pourquoi ne recouvrerait-il cette supériorité dans nos relations confuses avec l'Est ? qui peut mieux, en débrouillant les intérêts les plus stables de nos placeurs d'argent, démêler sur quelles libertés fonder le plus profitable labeur des races et y attacher le pouvoir inquiet de son budget. Se relevant ainsi jusqu'à l'économie politique, il s'affranchirait de la routine, qui le ruine aujourd'hui, en renouvelant ses moyens par la sociologie, précisément dans ces pays slaves où toute action est empreinte d'un si fort sentiment social.

LA SOCIÉTÉ ET L'ART RUSSES A PARIS

Nul peuple ne se divise plus que le peuple russe entre un patriotisme qui, par son caractère fonciè- rement local, tient au nationalisme, et le cosmopolitisme. Cela se sent avec une inquiétante acuité dans l'œuvre de ses grands écrivains du milieu du siècle, pour qui ce problème psychologique se posait en art avec une force plus singulière et plus intime. Entre tous les livres, le *Journal d'un Ecrivain*, de Dostoïewsky, attaque passionnément la question. Avec partialité, mais avec ampleur, Dostoïewsky se prononça rudement contre la tendance des Russes à s'occidentaliser, par suite, fatalement — l'Occident étant composé de plusieurs nations d'égale importance — à devenir cosmopolites.

Mais, malgré le mouvement panslaviste, malgré la production d'un beau nombre d'œuvres de littérature ou de musique que timbre un accent natio-

nal très marqué, les Russes resteront longtemps
encore cosmopolites. Qui dit tzarisme, dit, par réaction mécanique, cosmopolitisme. Le niveau intellectuel est relativement si bas à Saint-Pétersbourg et
la liberté si mesurée, qu'il faut voyager, aller faire
de longues cures de science et de liberté à l'étranger : les Russes sont des phtisiques intellectuels —
et leur intellectualisme affecte les caractères, im-
pulsifs et incohérents, poétiques et violents, de
la phtisie — qui, obligés à de longs hivernages,
prennent forcément le ton des pays où ils hi-
vernent.

Mais comme ils sont un peuple neuf et que des
considérations pécuniaires les ramènent souvent
dans leurs villes ou sur leurs terres, ils ne perdent
point, aussi aisément qu'il se pourrait, leurs traits et
signes nationaux. Et il semble bien que ce soit à
Paris qu'ils les conservent plus intégralement, parce
qu'ils vivent dans une atmosphère de cordialité,
parce que Paris est la ville qui contient non le plus
d'étrangers, mais le plus d'étrangers divers ; et lorsqu'un Russe se rencontre avec un Français, il incline à se franciser, mais, en présence d'autres
étrangers, il tend, au contraire, pour s'en faire distinguer, à accuser son tempérament originel.

La société russe à Paris se classe en riches —
diplomatie, aristocratie et finance — intellectuels,

souvent pauvres, souvent jouissant d'aisance, et anarchistes qui ne sont guère plus Russes.

Les premiers, à la vérité, ne le demeurent non plus : ils ne peuvent afficher qu'un patriotisme d'intérêts communs. Outre qu'ils paraissent très mêlés d'asiatique, ce sont gens de noce ou gens du monde dont l'individualité se trahit superficielle, et le patriotisme est action de sentiment ou d'idée profonds. Dépenser de l'argent ou en gagner, et surtout montrer qu'ils en gaspillent, est leur seule occupation, qui n'oblige guère à faire preuve ni foi d'esprit national. Vous pouvez les voir réunis à la mosquée russe de la ruè Daru, figures kalmoukes et toilettes criardes, tapageant de la langue et des robes, faisant ostentation en pleine matinée de parures de diamants et de toilettes de bal. Et dans les fêtes de leurs hôtels au quartier de l'Etoile on sent à quel point leur pseudopatriotisme russe se limite à un comopolitisme oriental. Les romanciers français (1) particulièrement M. de Vogué, ont souvent tracé des portraits de Russes riches de Paris : ils n'ont aucun caractère ethnique — telle sa Daria des *Morts qui parlent* — tout au plus parfois un certain snobisme à citer leurs écri-

____

(1) Lire notamment *Une Rencontre* de Pierre Valdagne. avec un joli type très vrai de déséquilibré dans l'élégance. Nous n'insisterons point sur les Russes pauvres de Zola ou de Daudet (*Soutien de famille*) qui sont conventionnels.

vains et leurs musiciens : encore est-il évident que c'est surtout l'auteur qui tient à montrer ses notions d'homme du monde sur Nekrassov, Antokolsky ou Moussorgsky.

Les seconds, seuls vraiment très intéressants, se rejoignent dans deux cercles : l'un à la rue de Rome, tout à fait officiel, subventionné et très académique, l'autre au boulevard Montparnasse. Contrairement à ce que Thaulow écrivait touchant les Norvégiens de France, les étrangers qui habitent à Paris la rive gauche ne sont nullement inférieurs à ceux qui hantent la rive droite et les quartiers luxueux du Parc Monceau ou de l'Etoile : ils deviennent, au contraire, beaucoup plus travailleurs, et surtout plus artistes, ils sont indépendants et simples, mais très rarement bohême. Dans leur cercle familial règne une paisible cordialité.

De temps à autre, le grand Metchnikoff, affectueux et serein, y vient faire une conférence instructive ; on y prêche d'autrefois des sujets de morale ou de sociologie ; des concerts russes assemblent les salles les plus abondantes : aux autres jours, le thé fume dans des cuivres rosés, des gâteaux paysans circulent, présentés aux invités par des mains blondes de jeunes filles sveltes.

Plus que jamais, en ce moment, les maisons particulières qui contribuent les premières à faire connaître les arts étrangers savent, avec un tact char-

mant, réunir Russes et littérature parisienne pour
des auditions de musique russe. M. Laloy, le directeur de la *Revue Musicale*, organise parfois des
concerts délicatement composés avec le souci d'une
anthologie : les premiers exécutants de Paris, ainsi
ceux de la *Scola Cantorum*, interprètent. Dans des
conférences liminaires parfaites M. Laloy, tient justement, dégageant des idées sur l'idéal de la musique russe, à fixer son évolution, à montrer comment elle se déprit des influences cosmopolites occidentales — musique allemande et musique italo-
française — qui sévissaient au commencement du
siècle à Pétersbourg, où Boïeldieu régissait, pour se
constituer en un art original, national.

L'âme slave, avec sa sauvagerie de nature, ses
parfums de steppe et de forêt, ses âcretés d'humus,
ses caprices de tzigane, sa fugacité, ses naïvetés,
ses lenteurs et ses rudesses, voilà ce que Glinka s'est
attendri d'exprimer, et avec lui Balakirev, Lindov,
Moussorgsky, César Cui, Arensky et Borodine, pour
ne point parler de Tchaikovsky. La Sculpture n'a
rien encore réalisé d'analogue, car Antokosky n'est
qu'un grand homme d'académie, et le prince Trou-
betzskoï, admirable virtuose qui a d'ailleurs parfois
si bien stylisé la félinité des dames russes et l'élan-
cement fiévreux des chevaux et des chiens de son
pays, est avant tout latinisé, comme Bœklin, fixé
en Italie et presque exclusivement inspiré par elle.

Et, dans leur peinture, on ne voit guère que le peintre Nicolas Tarkoff qui apporte un tempérament vraiment moscovite dans son talent complexe, sentant puissamment la beauté forte de la terre et la rusticité de la verdure, et, d'autre part, avec une fougue vertigineuse, attiré à peindre — avec quelle vigueur de nature vierge ! — le papillottement du mouvement bariolé des grandes villes, toute cette agitation tcherkesse qui fait des boulevards une Nidjni-Novgorod en pleine foire.

Oui, l'âme slave, âpre et naïve, avec une verve de fraîcheur que M. Laloy déclare nécessaire à renouveler notre musique d'Occidentaux, c'est bien elle qui palpite dans la musique russe, c'est elle que font entendre et aimer partout, le clavier de Blanche Selva, le violon de M. Zeitlin, la voix si nuancée de Mme Kikina, laquelle n'est pas seulement le traducteur fervent de Gorki mais une artiste de premier ordre qui, à Nice ou à Paris, met toutes les ressources d'une nature riche et délicate à faire sentir l'art russe dans sa câlinerie enfantine, sa beauté ample et sa capricieuse originalité. Par eux on s'imprègne de la rudesse ou de la tendresse de Moussorgsky, du lyrisme primesautier ou des rêves de féeries de Borodine, de la sensibilité paysanne de Balakirev.

Telle est la plus suggestive utilité des étrangers dans une capitale. Mieux que la lecture des romans,

la vibration de leurs conversations, de leur chant
et de leur jeu, transmet la sensation magnétique du
génie russe. Il est très grand. En vérité, longtemps
avant Tolstoï et Dostoiwesky, d'un autre pays, — la
Hollande, — apparut, avec Rembraudt, la révélation de l'expression de l'âme, cette illumination
d'humanité, cet évangile du rayonnement chrétien
qui, dans la nuit des siècles révolus, nous éclaire
plus que l'esthétique des Italiens, satisfaits par les
opulences païennes de sa couleur. Mais dans le génie russe la bonté se révèle plus riche, s'harmonise
mystérieusement de la puissance légère de la nature, qui rend suave la force religieuse trop sévère
chez les Hollandais ; il s'enrichit de caresse et de
rêverie, d'élégance, de mélodie, de cette musique
d'âme qu'est la mysticité par quoi la bonté est belle
comme l'étoile par sa palpitation. La palpitation, ce
timbre du génie russe, donne le sentiment de la
faiblesse mais aussi de l'humanité.

Et cela seul excelle à nous faire aimer la Russie
en oubliant les tsars, et à nous faire espérer en son
avenir, par ces temps de guerre japonaise puis
d'anarchie et d'autocratie rétrograde.

IV

LA CLARTÉ DE L'OCCIDENT

Ce que cette Russie pense de la France, surtout en ces heures troubles pour les deux grandes nations, nous ne le saurons de si tôt. Mais ce que la Russie libérale du xix⁰ siècle a senti au contact de notre intellectualité, l'œuvre, la vie de Herzen nous le déclarent mieux que tout autre document, — mieux que les propos si mobiles de Tourguenieff et surtout que le *Journal* de Dostoiewsky, car il n'est pas une observation psychologique mais une méditation tout intérieure.

« La Révolution française avait troublé l'esprit russe jusqu'au fond de la Sibérie... En 1812, quand naquit Herzen, la vérité était en marche dans toute la Russie... C'est par son contact avec le peuple que, comme la plupart des grands écrivains russes, il a formé son cœur et son esprit... »

Son cœur fut presque fémininement sensible, ainsi qu'il arrive souvent aux enfants illégitimes que leur sort rattache plus étroitement à leurs mères ; il vit d'ailleurs dès le bas âge se déchirer autour de lui de tragiques destinées de serfs : l'un d'eux, docteur en médecine, s'étant marié sans révéler à sa femme sa condition, se tua, dès que celle-ci, informée, l'eut quitté, dans la maison même. Son esprit était vif. Un jour qu'il feuilletait un annuaire de la noblesse moscovite, un ami de la famille lui demanda ce qu'il lisait avec tant d'attention : « Un livre de zoologie ! » répondit le gamin sans sourciller. Et une autre fois que des personnes déclinaient une invitation en protestant qu'elles faisaient maigre en carême, il cita impromptu le vers connu d'un fabuliste russe : « Le plus humble des ânes a l'habitude de se nourrir d'herbes ! »

D'intenses lectures aiguisèrent sa sensibilité durant l'adolescence : Beaumarchais, Voltaire, Gœthe, Schiller. C'est alors le Saint-Simonisme qui devint la base de ses idées : émancipation de la femme, appel au travail commun, réhabilitation de la chair. « Nos âmes et nos-cœurs, s'écria-t-il, s'ouvraient tout grands devant ce monde merveilleux. » L'importance que cette doctrine attachait aux sciences l'entraîna à les étudier sérieusement à l'Université. Il ne se laissa point attendrir à l'opportunisme par

Hegel ; il tendait sans cesse vers Paris où Considérant, Saint-Simon, Fourier, Proudhon, « lançaient leurs appels enflammés ». « Il émanait de cette France, dit Tchédrine, la foi en l'humanité et la confiance que l'âge d'or *n'était point derrière nous, mais en avant...* En un mot, toutes les aspirations vers ce qui est grand et généreux et l'amour débordant pour ce qui est humain nous venaient d'elle... Nous vivions à Saint-Pétersbourg, mais notre vraie vie se passait réellement en France ! » Enfin, il put partir. Sans s'arrêter en Allemagne, il s'élança vers Paris. C'était avant 1848. « Sa maison, raconte Annenkov, y était une sorte d'oreiller de Denys de Syracuse, où l'on recueillait tous les bruits de la capitale. » Dans ses *Lettres de France et d'Italie*, il a professé son admiration pour le prolétariat intellectuel de la métropole européenne. En 1847 il était à Rome, en plein Risorgimento. Et ce fut 1848, exubérance puis abattement à Paris, à Berlin, à Vienne, à Pesth. Herzen exalte son désespoir (*De l'autre rive*) de la civilisation européenne. Exilé par le tzsar, de Genève à Nice il travailla à l'émancipation du peuple russe par ses ouvrages : *Du développement des idées révolutionnaires en Russie* et sa grande lettre à Michelet : *Le peuple russe et le socialisme.* Il reprochait à l'orthodoxie officielle d'être une infiltration d'origine germanique et nullement slave.

A Nice, il perdit sa femme. Dans la nuit affreuse de cette solitude, il composa ses *Mémoires* pathéthiques. « Vous êtes maître dans l'art de penser et de souffrir, lui écrivit Hugo... Vous êtes un Russe qui réhabilite la Russie et vous savez être à la fois patriote et cosmopolite ! »

Avec le noble Polonais Worcel, il fonde à Londres la première imprimerie russe libre, lance sa feuille volante : *Les Polonais nous pardonnent*, puis en 1855 *L'Etoile Polaire* qui porte en médaillon sur la couverture les têtes des décembristes pendus. En 1857 paraît *La Cloche* : angélus pourpre, glas ardent. Lors de l'insurrection de la Pologne et de sa sanglante répression, il attaque brutalement Alexandre. Mais ce n'était pas un nihiliste : « On ne fait rien de bon au moyen de la destruction, écrivait-il à Bakounine... Nos seuls guides dans la vie : la raison, la science, l'amour ! »

Ses « idoles », m'écrit son petit-fils, étaient la sincérité et l'indépendance. Spécialement *l'indépendance de la pensée vis-à-vis de soi-même*. Il prêche sans cesse qu'il faut « ne pas avoir peur de sa propre pensée, oser penser et aller, sans peur, jusqu'au bout des conséquences logiques d'une pensée vraie, en l'adaptant aux lois de la nature ». Dès sa jeunesse saint-simonienne, il s'était appliqué à regarder l'homme en *naturaliste*. « Cet homme à l'individualité si marquée et qui a passé sa vie à exalter les individualités autour de lui, s'est toujours rendu compte qu'un fait, un geste, un homme, une pensée, n'existent que par ce qui les entoure et qu'en négligeant les lois naturelles, ou mieux, en oubliant de subordonner les lois humaines aux lois, plus générales, de la nature, on n'aboutit qu'à des absurdités... Il avait le *véritable* esprit scientifique. » De là sa force. Il la dut à son éducation française, mais sans doute aussi au génie russe qu'on ne saurait restreindre, comme trop l'ont fait, à un mysticisme confus.

La terre française a gardé son corps : c'est à Nice que, mourant de la grippe en 1870, il demanda à être enseveli.

L'esprit scientifique, la sincérité de l'analyse, l'exactitude de l'observation, l'ordre dans la vie quotidienne, la santé régissant la sensibilité, voilà les bienfaits que les Slaves seront inspirés de requérir d'une éducation française. Le pays des grandes Révolutions qui n'avortèrent point s'éprouva aussi celui du labeur patient, de l'économie, de codes clairs. Où iraient-ils mieux apprendre les qualités de concentration souple et d'harmonieuse distribution qui manquèrent à leurs roides monarques comme à leurs insurrections convulsives ?

CHAPITRE VIII

UNE NATION DU NORD : LA HOLLANDE

I

LES QUALITÉS DE LA NATION

J'ai toujours été attiré aux Hollandais : peuple laborieux, indépendant, propre et qui, quoique attaché méticuleusement à ses logis surchargés comme des musées, a beaucoup voyagé : petit, il a conquis des empires !

Cette sympathie profonde n'a rien de l'attraction, tantôt furieuse, tantôt langoureuse, toujours amoureuse, qui nous emporte vers l'Italie. Quand je visite un musée d'Europe, je ne cours pas aux Hollandais, mais à Titien, à Giorgione, au grand Michel-Ange, au Tintoret, à Raphaël, aux Primitifs, à presque tous les Italiens, comme aux divins Poussin et aux Lorrain, aux Largillière, aux Nattier, aux Fragonard, aux Prudhon qui me « ravissent ».

Je vais à la beauté ! Les Hollandais ont poussé le respect du laid jusqu'au culte. Même Rembrandt dont un de nos plus grands écrivains actuels, le somptueux auteur du *Crépuscule des Dieux*, Elémir Bourges, a pu dire dans la saillie de ses libres propos justiciers : « C'est un salaud de génie... »

Cependant Rembrandt *rayonne*. C'est un dieu d'obscur ghetto où étincelle la brocante précieuse ramassée, mais c'est un dieu. Et il y a *de l'éclat* presque chez tous les autres Hollandais. La première répugnance éprouvée pour leurs modèles, les Van der Meer, les Pieter de Hogh, les Terbugh nous éblouissent par la perfection resplendissante de leur netteté et de leur labeur d'orfèvres en peinture. Il y a le brillant léché de la miniature dans leurs tableaux, avec cela de la grandeur, et de la royauté dans l'opulence : royauté de marchands mais dignes, aristocratiques.

Poésie du soigneux travail, candeur de l'industrieuse propreté, vigilance, intensité et coquetterie de l'activité : par là, les Hollandais exercent un charme, ont un prestige sur nous. J'ouvris le bel album de la maison Larousse, *La Hollande illustrée* de photographies de tableaux, types, architectures, paysages, jardins et vues, pour me promener en son pays pendant que la reine Wilhelmine nous visitait avec sa princière amitié, et sans cesse, malgré une si grande différence de tempéraments, j'*admirai* la Hollande, les Hollandais.

Certes, ils me sont étranges — sinon étrangers (parce que bien des Bretons, que je sens frères, le sont presque autant). — Le type d'abord !... ces Frisons, si particuliers indigènes, inexpugnables durant deux millénaires, et dont l'autonomie résista à l'hégémonie de l'ancien Empire d'Allemagne, de l'indépendance de qui s'est formée la nationalité hollandaise ! ces Frisons plus ambrés encore que blonds, nacrés, aux teints saurs et aux physionomies de poissons. A regarder les photographies confrontées en cet ouvrage par M. Zaborowski, c'est chez eux qu'on perçoit un mystérieux génie, — si fortement exprimé d'ailleurs dans certains portraits fascinants de Van Gogh, — non dans les types franchement germaniques dont la carrure plaît pourtant sous l'épaisseur.

Les mœurs, malgré l'européanisation, restent originales, naïves. Toujours quelque chose d'enfantin séduit dans l'expression de leur curiosité sans cesse rieuse, dans leurs costumes fleuris, dans leurs intérieurs qui semblent des chambres de poupées. Le plus souvent, les femmes apparaissent de grandes écolières en les *Dentellière* de Van der Meer, même en *Le galant Militaire* de Ter Borch, pour ne point parler des *Bohémiennes* de Franz Hals. On sent quelle place les fêtes tiennent dans la vie hollandaise à feuilleter l'œuvre des Steen, des

Van der Helst, quelle action les enfants prennent dans ces fêtes — comme dans la *Saint-Nicolas* de Steen (la Saint-Nicolas étant d'ailleurs la grande fête populaire) — et tout ce que les truculentes kermesses même étalent de jovialité puérile, de gras enfantillage. Les Italiens déploient dans leurs rassemblements le souci d'être décoratifs en beauté, les Hollandais s'amusent : il n'est besoin de citer Jordaens ni Tenier. Tout est matière à distraction, même l'hiver : rappelez-vous les vastes ballets de patinage, tels que les a peints Hendrik van Avercamp.

Il y a toujours de l'adolescence dans l'art qui est élévation, croissance vers l'idéal. Adolescence et jeu : chez les gothiques le jeu est sublime. En Hollande, l'architecture paraît plus jouet que chez tout autre peuple. Exemples : le Palais de Justice de Hoorn où des lions jonglent avec des écussons d'étage en étage, la Maison des Bouchers à Haarlem, la grande porte de Dordrecht, tant de vieilles portes qui ressemblent à des horloges pour cheminées. Et les pignons à escaliers, et le coloriage des logis et des petits bateaux qui vont proprement et gaiement sur l'eau, et le pullulement des moulins à vent !

Le travail même des Hollandais est divertissement. De quoi principalement vivent-ils ? Des fleurs. Dès le début du printemps, à Haarlem, centre de l'horticulture, s'épanouissent champs étincelants de pétales bleus, rouges, jaunes, violets. Tous les ans, la Compagnie des Chemins de fer lance des trains de plaisir pour qu'on puisse parcourir ce paradis de couleurs, et par milliers, les excursionnistes vont s'y parer de guirlandes, les jeunes gens les croisant sur leurs vêtements, les jeunes filles s'en ceignant le corsage et les hanches, passant autour de leurs cous des chaînes de jacinthes.

Les autres industries de prédilection sont la taille du diamant, l'ouvragement sur bois, la poterie, la confiserie...

Cependant, avec toutes ces « menues » occupations, c'est un grand pays. Il a possédé les mers, colonisé le Cap dont la civilisation reste conformée à son âme, conquis les innombrables et opulentes îles de la Sonde, qu'il presse de lui conserver contre la concupiscence pangermaniste, une belle partie de la Guyane et des Antilles.

Dans cette œuvre, il a attesté de fortes qualités d'ordre, d'endurance et de ténacité avec un génie assez semblable à celui de nos Vendéens de qui tant de similitudes physiques et morales les rapprochent : indépendance, humeur grasse, subtile âpreté à la tâche minutieuse, honnêteté. Elles leur valent notre respect qui approfondit le sentiment fraternel que nous leur vouons.

I

CE QUE NOUS MONTRE SON ART

Les éditeurs Nilsson et Per Lamm ont eu le goût
de confier à M. Gustave Geffroy le soin d'écrire la
série de leurs *Musées d'Europe*. M. Geffroy a donné
à la critique d'art la valeur humaine de l'histoire
avec l'intérêt divers de la vie. Doit-il nous entre-
nir des Musées de la Hollande, c'est le pays entier
qui se présente à nous. Les œuvres dont il a à
traiter ainsi palpitent dans l'atmosphère où elles
furent créées. En nul endroit ce ne pouvait être plus
séant qu'aux embouchures du Rhin et de la Meuse :
« Il n'est peut-être pas une région au monde, dit-il,
qui ait conservé d'une manière aussi extraordinaire
la physionomie du temps où vécurent ses artistes...
La sensation de la vie ancienne persiste le long des
eaux immobiles qui reflètent les maisons à petits
carreaux et à pignons découpés. A péine est-on en-
tré en Hollande par l'immense pont qui précède

Dordrecht, que l'on voit étinceler doucement dans la brume les vagues argentées de Van Goyen, ses rives doucement dorées, ses silhouettes de villes, de maisons, de clochers, voilées par la brume verdâtre... Parcourez-vous la campagne ? Voici les arbres de Ruysdaël, ses immenses ciels chagrins, la tristesse de ses dunes rongées par la mer du Nord, la mélancolie de ses buissons assaillis par le vent, de ses chemins montants que gravit un triste voyageur. Voici la ferme, autour de laquelle paissent les bestiaux de Paul Potter... Entrez-vous dans les villes et vous perdez-vous dans le quartier juif d'Amsterdam, parmi les ruelles où se perdait Rembrandt? Partout, c'est la même lumière d'or, et ce sont les mêmes ténèbres rousses où le grand homme voyait l'Ancien et le Nouveau Testament se formuler devant lui, avec une force de réalité que jamais peintre n'a surprise comme lui. »

Nul n'est plus apte à aimer ce pays grave, somptueusement mélancolique, que le Breton Gustave Geffroy, poète de la critique d'art et de l'histoire parce qu'il est très sensible observateur du caractère des gens et amoureux naturiste. Il voit avec calme, et cela confère à ses descriptions cette même noblesse et cette solidité si persuasives chez les maîtres de Hollande. Il a également d'eux la précision, et c'est ce qui fait que même ce qu'il écrit le plus rapidement dans son labeur immense marque une sûreté de vue et une pénétration de conscience qui conquièrent. Il ennoblit avec simplicité les sujets et élève les hommes : ainsi très justement nous a-t-il montré dans Steen que « tête solide, bouche épaisse et spirituelle, yeux fins, regard malin, pénétrant, expression bonne et fière, mais forte et énergique, cet homme-là n'a pas l'air de l'ivrogne et du débauché de sa légende. S'il peint l'ivresse, son talent ne la ressent pas, domine le tumulte, met chaque chose à sa place... Il sait installer et caractériser ses personnages, il sait leur rendre toute la force de comique inconscient qui est en eux... Il est impossible de ne pas admirer l'humanité de ses tableaux, leur vigueur, leur verve. Steen est un observateur de théâtre qui s'exprime par la peinture ».

Après avoir caractérisé les Van der Meer et les Pieter de Hooch avec cette force de vision morale et sociale si nécessaire à fixer dans l'art hollandais ses qualités les plus nobles de conscience et à le rehausser en face de l'art italien, glorieux de beauté, M. Geffroy peut généraliser en ces termes ce qu'il apprécie pleinement : « le sens de l'existence qui est chez les maîtres de l'incomparable xviie siècle hollandais, l'amour qu'ils témoignaient si doucement ou si vivement pour tout ce qui les entourait, pour la vie privée et civique, pour tout ce qui les charmait par la signification humble, paisible, joyeuse, pour tout ce qui les enorgueillissait par la signification héroïque et libre qu'ils ont su donner à leur histoire ».

La suprême leçon d'humanité de l'art lui semble exprimée par un génie hollandais. M. Geffroy a consacré la plus haute place à Rembrandt, qu'il admire sans restriction, avec émotion. « Quand on a compris et aimé Rembrandt, dit-il, on doit revenir en Hollande pour tout aimer de ce qui existe, pour découvrir la beauté de la vie *en toutes choses, chez tous les êtres*. Rien ne lui a été indifférent. Dans tout être, dans toute chose, il voyait un chef-d'œuvre. Ah ! le cher grand homme, bafoué, méconnu, mort solitaire, a-t-il su, en son vaste cœur humain, en son esprit profond, si mélancoliquement et ardemment passionné, a-t-il su quelle douceur, quel réconfort, il avait apportés à ceux qui viendraient après lui ? »

Il est d'inestimable prix que l'art soit un réconfort, et cela élève bien en effet le grand Rembrandt au-dessus du reste de ses compatriotes, en la peinture de qui il s'étale surtout confort. Mais on peut préférer un art qui se targue plus de choix et de conquête, qui, par là, nous exalte aux grands mouvements et à la perfection, au courage des revendications dont les autres profiteront, et à l'embellissement de la vie selon un idéal de formes plus sveltes et de coloris plus franc dans une lumière plus pure.

Et l'on regrette, pour l'instruction et l'amélioration

des Hollandais contemporains, que des Delacroix —
— l'homme prodigieux qui peignit l'harmonieuse
Liberté sur les barricades parmi ces compagnons
d'une si pathétique sauvagerie — et quelques
autres œuvres de nos maîtres n'illustrent pas les
salles modernes des musées hollandais, incompré-
hensiblement pauvres en tableaux français. Et en
même temps que ce dédain de l'idéal des autres
peuples nous apparaît singulièrement dangereux
pour les Hollandais d'aujourd'hui et de demain,
quelle indication frappante dans ceci qu'en Hollande
il n'y a pas de sculpture ! il n'y a ni Puget, ni Rude,
ni Carpeaux, ni Rodin, ni Bourdelle, et n'est-ce point
là, sinon une condamnation, une restriction de
l'art d'un pays ? Je le dis surtout dans le désir qu'on
excite cette nation à fraterniser davantage avec
les autres. Son esprit curieux des horizons et orgueilleux d'indépendance doit tout comprendre. Sa
marine, jadis, tramait sur les mers du Nord la civilisation, reliait la Scandinavie aux pays du Sud,
intermédiaire florissant du commerce et des arts.
Elle reprendrait sa prospérité à rattacher à nos
ports, à nos spirituels vignobles, à nos capiteux
ateliers où l'inspiration fait bouillonner dans le gra-
nit les Marseillaises, le Danemarck et la Suède.

CHAPITRE IX

SCANDINAVES : LA SUÈDE

I

LE GÉNIE NATIONAL ET LES INFLUENCES EUROPÉENNES

Comment n'avoir une prédilection pour les Français qui vont plusieurs années s'établir dans un pays ami afin de le mieux connaître et de venir ensuite servir chez nous ses plus nobles intérêts? Notre nature, notre devoir, notre mission — j'entends par mission un devoir accompli avec la volupté d'un sentiment apostolique : c'est cela « la grâce » française — sont d'aimer, de comprendre, d'expliquer au monde, pour qu'il les apprécie avec plus d'ardeur, les peuples au cœur humain. Voilà le plus haut emploi auquel tourner ces dons qu'on dénommait autrefois « la furie française » et qui sont à proprement parler notre enthousiasme.

La Suède fut intimement unie à la France avant

le XIX⁰ siècle, et depuis 1870 elle s'est rapprochée
étroitement de l'Allemagne. Nous croyons que la
Suède n'a pas beaucoup à y acquérir parce qu'elle
possède toutes les vertus d'étude patiente et grave
qu'elle peut seules demander à ses voisins immédiats du Sud. Notre commerce au contraire l'aide-
rait à élucider et développer ses qualités d'esprit
et d'agrément, et nous sommes la transition nécessaire avec les autres peuples latins : tout artiste
scandinave, pour prendre conscience plus claire de
son génie national et l'élever vers sa perfection humaine, doit recevoir quelque éducation française
dont le propre est d'apprendre à s'analyser et à
s'exalter avec harmonie ; qu'avant tout la Suède ne
perde pas ses dons de charme dans des pédantismes
dont l'Europe entière sent aujourd'hui la nocivité !
Nous, nous gagnerons beaucoup à connaître davantage encore la civilisation suédoise ; nous serions
diminués de renoncer à rien de notre admiration
pour cette nation de héros transcendants, de ver-
tueuses armées, de femmes magnanimes, de curiosités sereines, où la froideur est céleste, où la révolte
contre les préjugés garde l'harmonie parnassienne.

Avec plusieurs autres livres parus cette année,
celui que la maison Laurens publie sur *Stockholm
et Upsal* dans ses « Villes d'art célèbres », nous y
aidera excellemment. Il est en effet dû à M. Lucien
Maury, qui a longtemps habité ces villes, qui les a

fort goûtées et nous communique avec zèle le plaisir qu'il a à se souvenir, qui apprécie solidement et délicatement, et enfin, pour tout dire, aime les Suédois. Tel est encore le meilleur moyen de connaissance.

Il survit en ce pays relativement peu du Moyen Age ; encore les architectes allemands ou italiens qui en restaurèrent les monuments, tel Kristler, les ont-ils dénaturés. La Renaissance se révèle mieux avec les constructions des Wasa : église de Riddarholmen, mi-trapue, mi-affinée et singulièrement flanquée de chapelles carrées ; église de Jacob aux luxuriances esthétiques ; maison de Kornhamstorg, château de Gripsholm à cour intérieure originale et séduisante. « Avec le Français Simon de la Vallée et le Stralsundais Nicodemus Tessin, le classicisme fait enfin une apparition triomphale. »

Sébastien Bourdon, peintre noble et réfléchi, tient la faveur de Christine. Malheureusement domine plus tard Ehrenstal, « peintre brillant et peu solide, au dessin souvent défaillant, à la verve pompeuse, décorative, intarissable » : bref le mauvais italianisme, le baroque lourd et criard. Une petite colonie française — les peintres de plafond Jacques Fouquet et Evrard Chauveau, les sculpteurs René Chauveau, Louis de la Porte, Jacquin — ne tarde pas à se disperser. Von

Kraft, qui a pratiqué en France Mignard et Largillière, place partout ses portraits. Son élève, Lundberg, « devient le porte-drapeau d'un art résolument « français ». Voici l'art gracieux de l'ère gustavienne, follement éprise de nos goûts et de nos modes et qui vécut parmi les élégances de nos styles Louis XV et Louis XVI ».

Cependant l'architecture s'est, elle aussi, dégagée peu à peu de l'influence hollandaise par l'action de Simon de la Vallée et de son fils Jean, qu'aide le sculpteur Dusart. Tessin le Jeune dispose, selon le goût français, les hôtels particuliers. Le jardin de Kunstrüdgarden est agencé dans le souci d'égaler Le Nôtre, orné de charmilles et de boulingrins. Le Stockholm du xviie siècle se meuble d'amples palais variés, qu'envient les autres villes de la Baltique, où les mécènes aristocratiques exposent leur opulence : entre tous, le célèbre Magnus Gabriel de la Gardie fait appel à nos artistes, les sculpteurs Dusart, Abraham l'amoureux, Nicolas Cordier, Faidherbe ; les peintres Valéry, Signac, Henri de la Vallée, le fontainier Grandmaison. La construction du grand et célèbre Château « détermine l'organisation officielle de l'art et ces rapports étroits avec la France auxquels la Suède doit ses premiers grands succès artistiques ».

Après son père, Gustaf Tessin attire nos artistes : Faraval, Deslaviers, Lambert Donnay, Antoine

Bellette, Michel Lelièvre, Bouchardon, Larche-vesque, qui importent le rococo. Taraval donne le ton ; fondée sur nos institutions, l'Académie Suédoise de peinture « canalise les forces, vulgarise notre enseignement, nos techniques ». Partout l'on accroche des Boucher, des Restou, des Van Loo, des Nattoire, des Oudry, Sèvres, Gobelins et Beauvais.

Le Stockholm moderne échappe à notre influence : les descriptions attentives et bienveillantes de M. Maury ne semblent pas indiquer qu'il y ait gagné, sauf pour quelques hôtels qui paraissent aisés et doux comme celui de la Société des Médecins, le Lycée d'Oestermalm équilibré sans monotonie, nombre de villas aux beaux plans simples bien fondus, l'originale et souple église de Hjorthagen.

Au Musée manquent Poussin et Lorrain. Mais de nombreux Chardin en sont une gloire ; six Boucher, trois Nattier, trois Lancret des meilleurs, des *Baigneuses* de Pater ; Coypel, Lagrenée, Oudry, Tocqué, Aved, tout notre Louis XV. « La Suède accueille l'hégémonie de nos peintres, qui sont en train de conquérir l'Europe ; comme partout ils apportent avec eux une discipline, une pédagogie, un reflet de ce prestige conféré naguère à l'école par le génie organisateur de Colbert. Les apprentis suédois accourent aux bords de la Seine et y détendent leur gravité au contact de notre joie de vivre. Ces Suédois s'épanouissent, et bientôt on remarque dans leurs croquis et leurs ébauches, selon Levertin, un mouvement plus rapide, un trait plus léger et plus vivant, une forme plus nerveuse et plus simple ». Mais, ce ne sont point ces qualités de vivacité et d'élégance que notre sympathie peut seule leur communiquer; ce qui manque à un Zorn comme à un Liljefors, la solidité de la pâte, l'éclat qui n'est point que superficiel, l'originalité et la profondeur de la psychologie, ils l'eussent pu apprendre de Courbet, de Manet, comme les peintres d'histoire et de scènes eussent dû méditer l'inspiration de nos Géricault et de nos Delacroix. Faut-il faire ressortir, comme le sculpteur Carl Milliès sut bénéficier de son séjour à Paris où pourtant il avait le tort de se confiner du matin au soir dans son atelier au lieu de vivre davantage dans la rue et de participer à la dispute intellectuelle?

Réclamons que les élites suédoise et française apprennent à mieux évaluer ce que leurs pays ont de grandeur dans l'époque contemporaine ; tous deux, travaillés aujourd'hui d'un sérieux idéalisme, y développent leur plus vérile pensée. L'accueil réservé aux Ellen Key et aux Lagerlof indique quel esprit de large sympathie nous anime. Quel respect inspiré nous emporte vers leurs utopies de morale, les exemplaires cités d'amour et de charité!

II

LES FEMMES ÉCRIVAINS

Sous ce titre Mme Louise Cruppi vient de publier un livre grave et pourtant d'un dominant attrait. Il nous présente des individualités féminines d'un grand caractère, un peu étrange, prestigieux, d'une pureté savoureuse, et un pays. Cette Suède, nous l'aimons depuis plusieurs siècles, surtout depuis le règne d'une femme admirée chez nous pour sa passion princière de l'intellectualité. Aujourd'hui elle nous attire surtout par la grâce énigmatique ou la beauté sérieuse et comme polaire de ses femmes, — rappelons les élyséens vers de Leconte de Lisle, son *Epiphanie* — par la splendeur première de ses lacs et de ses paysages, par la dignité de sa vie nationale, et, comme le dit Mme Cruppi, « parce que c'est un pays de forte conscience, de vie intérieure intense, d'inépuisable fantaisie ». Il nous plaît d'aller plonger

nos regards dans de clairs yeux bleus qui reflètent
le fond des âmes plutôt que les contours des choses.
« Le monde que tu vois en dedans de toi, a dit un
auteur du Nord, est bien plus beau que celui que tu
vois quand tu regardes au dehors. »

Depuis la reine Christine jusqu'à Selma Lagerlöf,
les femmes surtout s'imposent à l'attention et nous
représentent leur patrie. Peut-être se distinguent-
elles plus que les hommes non seulement parce
qu'elles estompent de grâce la gravité de leur race,
mais parce qu'elles ont plus de culture et que leur
culture est occidentale, libre et libérale, fraternitaire,
tandis que les hommes se sont laissé germaniser et
ont perdu là leur originalité nationale. Le grand
parti de la liberté en Suède nous apparaît le féminisme, si sage, si intelligemment pratique, et qui,
tout en ayant discipliné du premier coup ses revendications vers le suffrage politique, s'est affirmé
« plus soucieux d'activité sociale que de pouvoir
politique ».

Mme Cruppi nous décrit les vies et les œuvres de
Frederika Bremer, Emilie Flygare Carlen, Sophie
d'Adlesparre, Anne-Charlotte Leffler qui mourut à
Naples comtesse de Cajanello, Ernt Ahlgren qui se sui-
cida, Ellen Key, Hilma Angered Strandberg, Alfhild
Agrell, Harald Gote, Anna Branting, Marika Stjerns-
ledt, Mathilde Roos, Baronne Akerhjelm, Anna Wahl-
lenberg, Mme Germaud-Clavne, Elia Wagner, Anna

Lena Elgstrom, Selma Lagerlöf. Si diverses qu'elles soient, on peut les dire toutes « romanesques » dans le sens où on l'entendait à la fin du xviiie siècle des rives du lac de Bienne. Entre les autres, à Ellen Key se vouent le plus impérieusement sympathie et admiration. C'est l'esprit le plus libre, le plus souple et le plus haut ; nette à dénoncer comme erreurs les exagérations de féministes puissantes de son pays, elle est la plus hardie au milieu des hostilités que sa sincérité provoque et exaspère d'autant plus qu'elle n'a voulu s'affilier à aucun parti pour s'en servir. Pure elle-même, elle s'est élevée avec un énergique talent contre l'idéal ascétique de Tolstoï et l'horreur de toute joie amoureuse prêchée par Luther : sa franchise a une vertu de rayonnante bonté. Depuis George Sand peu de femmes en Europe ont eu un tel prestige, une pensée plus vaste et plus forte, l'éclat d'un génie humanitaire avec ses grands élans. Levertin l'a définie avant tout « un orateur né » : disons un grand orateur ! « On est saisi par une ardente et noble volonté, un joyeux courage, une variété de points de vue qui éveille mille idées nouvelles. » Professeur de jeunes filles, elle alla parler aux ouvrières comme aux étudiants : « Plusieurs d'entre nous n'ont pas dormi pendant plusieurs nuits après une de ses conférences ! » s'émerveillait l'un d'eux.

La préférence de Mme Cruppi pour Selma Lagerlöf l'a conduite à ces conclusions sur la psychologie de la femme suédoise et de la Suède : « Foi chrétienne chevillée à l'âme depuis des siècles et que d'autres siècles ne parviendront pas à en détacher ; intransigeante honnêteté, rude franchise, froide pureté en amour... Malgré les conseils d'Ellen Key, dans aucune des œuvres parcourues nous n'avons trouvé la recherche de la vie, l'élan vers la passion... Incapable d'insouciance, l'âme suédoise est fréquemment tourmentée par les orages de la conscience et l'inquiétude de l'Au-Delà... Pourtant le regard des clairs yeux bleus n'est pas douloureux, mais rêveur. Pourtant le Suédois, protestant austère, diffère des protestants anglais et américains qui veulent, selon le mot de William James, que cet immense univers avec ses millions de planètes soit construit sur les principes du Code pénal. Il incline à un panthéisme oriental, grâce à l'infiltration de la poésie finlandaise... au sourire bouddhiste. »

Voilà pour nous raisons de plus d'aimer la Suède. La variété de son génie assure sa puissance, qui devient de plus en plus nécessaire à l'Europe. Dans le monde septentrional, en face de deux grands empires exterminateurs, elle peut défendre la cause d'humanité. — avec autant de vaillance que ses soldats en mirent à lutter jadis pour leur foi, — par l'énergie libérale de ses femmes.

QUATRIÈME PARTIE

Le problème national dans les Lettres.

CHAPITRE PREMIER

LE NATIONALISME LITTÉRAIRE

Si la France est définitivement républicaine, elle
ne l'est pas encore foncièrement, et y prend garde
quiconque scrute non seulement la politique mais les
goûts publics et ce qui les forme en partie, l'art et
la littérature. Le nationalisme défait, déconcerté,
n'est pas mort *parce qu'on n'a jamais songé à le
pourchasser qu'en politique*, où il ne saurait être
que superficiel, passager, la politique étant le plus
souvent un équilibre instable d'intérêts plus ou
moins transitoires ; lorsque de nouvelles combinaisons remplacent les anciennes, les députés nationalistes peuvent se rallier à leurs adversaires républicains, mais un rentier, un lecteur nationaliste le
reste toujours.

Tandis qu'il se recoquille en politique, il s'étend
en art, il s'insinue et se distribue, bientôt il s'impose autorité. Il fait tous les jours de nouvelles re-
crues, favorisé par le conservatisme d'aînés et d'universitaires qui se déclarent et se croient républicains,
mais qui ne le sont que par tradition, pour ne pas
dire par routine, sans aucune souplesse vers les
formes et l'esprit nouveaux de la démocratie. Tel
journal, telle revue qui, pendant l'Affaire Dreyfus,
luttait à l'avant-garde parce qu'elle se souvenait de
ses classiques, de l'Affaire Calas, parce qu'elle entendait encore la voix de Voltaire, n'aime vraiment
accueillir comme romans que les pastiches des siècles
royalistes et ceux-ci expriment, par une naturelle
harmonie, des goûts et des idées antidémocratiques,
accréditant de plus en plus chez les lecteurs une esthétique romaine et royaliste.

On menait, récemment, une enquête auprès de
tous les jeunes écrivains de 35 à 25 ans ; la plupart
se prononcèrent catégoriquement pour le purisme,
s'avouèrent, de quelque parti politique qu'ils fussent,
disciples de Maurice Barrès et de Charles Maurras.
Pour qui connaît les jeunes milieux, qui entend causer ses camarades, précisant dans la libre conversation les tendances nouvelles, une complète réaction
se prépare. Emile Pouvillon et moi avions signalé
simultanément dans *la Dépêche* la préface de Louis
Bertrand aux œuvres du poète de talent Joachim

Gasquet, directeur d'une revue nationaliste de Provence. Que de faits nouveaux depuis ! Ils motivent le magnifique article que M. Camille Mauclair publia dans *la Revue des Revues*, sur : « Le Nationalisme dans la Littérature et l'Art ».

Il le dénonce non seulement dans la peinture avec Maurice Denis, Blanche, les ingristes, mais dans la musique avec Vincent d'Indy et tout le mouvement de la *Scola Cantorum* devenue, après de si libéraux débuts, une chapelle de réaction. Francis de Miomandre, dans *la Revue bleue*, était conduit, malgré son indifférence politique, à montrer ce même nationalisme triomphant dans la nouvelle génération, consacrant même un organe à ses théories, *l'Occident* de M. Mithouard et de ses amis. Depuis, *L'Action Française....*

Il se produit aux avant-scènes des anciennes revues comme des nouvelles. M. Jacques Blanche, peintre soucieux de décorer une Galerie de Batailles et une Salle de Maréchaux nationalistes, après avoir illustré en divers Salons les romans de M. Barrès, abandonne la peinture pour la critique : il rédige dans trois revues des manifestes en faveur du retour aux traditions versaillaises, notamment un article du *Mercure de France* où, après des lignes savoureuses sur des peintres bien français, il affiche une incompréhension absolue de l'admirable artiste Odilon Redon, parce que celui-ci est un vi-

sionnaire d'exotisme. Conjointement, un romancier très à la mode, M. Marcel Boulenger — qui
est assez le Jacque Blanche du roman français et par
conséquent a du talent et de la fortune — a fait circuler dans tous les cercles un placet — qui a beaucoup
de succès — contre le démocratisme de la littérature contemporaine.

Chacune de ces choses pourrait paraître anodine ;
toutes ensemble accusent un mouvement profond.
Comment ne pas le signaler et particulièrement
attirer l'attention des universitaires — dont l'aide
fut si précieux durant l'Affaire — pour un examen
persévérant de la question ? Ils sont en général portés,
par l'éducation qu'ils ont reçue dans des Facultés et
Ecoles supérieures alors dirigées par des fonctionnaires du Second Empire, par l'esprit même d'un
enseignement traditionaliste, à être conservateurs.
Mais ils sont « intellectuels », réfléchis, ils raisonnent,
ils sont indépendants et ont le goût de la liberté. Ce
sont des consciences ; ils savent qu'il leur incombe de
former l'esprit des jeunes générations et ont le sentiment d'une responsabilité grave. Très honnêtes, ils
sauront subordonner à ce devoir leurs préférences,
leurs instincts, qu'ils n'ignorent pas d'ailleurs être
simples résultats de l'éducation qu'on leur a incul-
quée, ne pas être fondamentaux à leur âme, mais,
au contraire, subalternes à leur caractère libéral.

II

Revenons au manifeste parfaitement caractérisé que, au nom d'un groupe de jeunes écrivains du Midi, lança M. Louis Bertrand : il sert de préface à la Cromwell au livre de vers éloquents de M. Joachim Gasquet. Il mérite d'autant mieux l'attention qu'il fut, sous le titre de « La Renaissance classique », déjà publié en tête d'une nouvelle revue, *La Renaissance Latine* qui se proposait une plus intime union entre les pays latins, mais qui avait à se garder des tendances réactionnaires se glissant fatalement dans toute renaissance, c'est-à-dire résurrection du passé.

M. Bertrand débute par une citation de Gœthe : « J'appelle classique ce qui est sain et romantique ce qui est malade », qui est presque un faux, d'ailleurs involontaire, car Gœthe parlait du romantisme allemand et non du romantisme français qui en devait différer de plus en plus. Par renaissance classique, M. Bertrand entend retour aux classiques par-dessus le xixe siècle qui est pour lui non avenu et où Flaubert seul compte, les romantiques étant des libertaires malsains, les Goncourt des « niais prétentieux », et le reste à l'avenant. On verra de suite comment ce retour aux traditions du

grand siècle monarchique, clérical et gallican, accuse franchement un caractère nationaliste, emprun-
tant les locutions mêmes des journaux nationalistes
touchant les questions politiques. « Lorsque cette
tradition est si intimement liée non pas seulement
aux habitudes intellectuelles *d'une race*, mais *à
l'existence même d'un pays* que cela devienne pour
celui-ci *une question de vie ou de mort*, c'est une
nécessité pressante, c'est *un devoir* d'y revenir.
Toutes les révolutions fécondes n'ont jamais été
autre chose qu'un retour à *la tradition nationale*
déformée par des influences étrangères. En ce sens,
mais en ce sens seulement, nous sommes des révolutionnaires. »

On se rappelle que MM. Deroulède et Habert aussi
se déclarent révolutionnaires. Ainsi donc les grandes
influences étrangères qui ont pour effet de donner
aux Hugo, aux Leconte de Lisle et aux Renan un
sens plus large et presque mondial d'humanité, de
l'humanité entière, conformément à l'esprit univer-
saliste de la Révolution, doivent être vivement ré-
pudiées : M. Bertrand, peut-être fasciné par Bossuet, oublie que les classiques même qu'il invoque
sont l'un Corneille espagnol, l'autre Racine grec, et
à l'envi.

« Nous nous défions de l'exotisme de nos devan-
ciers (c'est Hugo, Lamartine, Baudelaire, Gau-
tier, etc.), poursuit M. Bertrand, autant que de leur

cosmopolitisme pour en avoir été empoisonné jusqu'aux moelles. *Nous repoussons les philtres de la sirène étrangère* (?) Nous ne nous mêlerons plus de faire, *malgré elle*, le *bonheur de l'Humanité*, réservant pour les nôtres tout notre zèle et le meilleur de nos forces ». On voit l'allusion tranchante à la Révolution dont s'inspira l'humanitarisme de Hugo répondant aux invocations multipliées de peuples opprimés, depuis des Russes comme Herzen jusqu'aux Mexicains.

M. Bertrand attaque ensuite les naturalistes parce qu'ils furent les ennemis de la bourgeoisie. « *Sous prétexte* qu'il y avait des abus, que le pays était malade, que la bourgeoisie, gorgée de richesses et de bien-être, s'amollissait et se dépravait, ils ont tranché dans le vif, ils ont coupé au hasard le bon avec le mauvais. Ils y ont mis une sorte *de rage et de fureur*, ils ont *dégradé leurs compatriotes et leur pays, comme ne le feraient jamais les pires ennemis de notre peuple.* » Un tel style dérive des journaux nationalistes. Après quoi il passe aux influences étrangères contemporaines, déplorant le trop grand succès d'Ibsen, mettant sur le même plan Senkiewiez, le romancier du catholicisme des premiers siècles, et Kipling, par une singulière mésintelligence de l'œuvre de ce colonial d'une race nouvelle qui crie les angoisses de l'Inde contemporaine. « Oui, *aux marches* de Catalogne, comme aux marches de Bretagne, *en terre lorraine* comme en terre provençale, — je le sais ! — il est encore de beaux fils de France, taillés pour la lutte et la volupté, qui sont avides de continuer la vie des ancêtres selon son idéal de gloire, de justice et de raison. »

Son idéal de gloire, de justice et de raison : c'est-à-dire l'idéal du siècle de Louis XIV que nous avons tous réprouvé. « En somme, avait-il déjà dit, après tant de contestations et de disputes, non seulement les maîtres classiques restent debout, mais aussi les principes fondamentaux de leur esthétique et de leur morale, qu'elles qu'en soient d'ailleurs les lacunes ou les tares. Si, d'autre part, on songe qu'ils ont créé des mœurs et une civilisation qui, à travers mille changements superficiels, sont encore les nôtres ; que l'épanouissement de leur œuvre a coïncidé avec la *période la plus brillante de notre histoire*, avec le moment où les forces vives de notre pays ont atteint leur maximum d'intensité ou leur plus parfait équilibre, on avouera que nous pouvons assez glorieusement nous réclamer de tels ancêtres intellectuels ». Et nous songeons au contraire que depuis deux siècles tout a profondément évolué, qu'il n'y a pas eu seulement évolution mais une radicale, inoubliable Révolution dont nous sommes les fils, que nous supputons les intérêts littéraires aussi bien que la politique. A leur métaphy-

sique anthropocentriste, à leur esthétique aristocratique, à leur morale exclusivement dogmatique nous
opposons le transformisme, une esthétique démocratique où la laideur intelligente et humble a re-
pris ses droits à nous toucher, la morale laïque.
Comment se ranger avec M. Bertrand parmi ces fils
de France « qui protestent de toute leur énergie
contre l'iniquité du dogme égalitaire, parce qu'il est
défi au bon sens comme à l'ordre naturel », ou
même parmi ceux « qui veulent résister à l'envahissement de plus en plus redoutable des « primaires » ?
Nous voudrions plutôt qu'on supprimât tous les bud-
gets d'Académies et d'Ecoles de Rome, exclusivement
productrices de médiocres imitateurs, au profit de
l'enseignement primaire. Nous croyons au contraire
que la beauté comme la bonté tient dans le sens et
l'amour de l'égalité, qu'il ne s'élève de vrai génie
que dans la simplicité et hors du luxe, — égalité
divine dont le sentiment a dressé l'œuvre de Hugo
après 1852, de Leconte de Lisle, d'Eugène Carrière et de Puvis de Chavannes.

Très logiquement, M. Bertrand termine son long
manifeste par une invocation de plusieurs pages à
Versailles, « cœur de la France », à quoi « aboutit
cette longue série de merveilles qui commence au
vieux Louvre ». « ... O ma France, nulle part je ne
t'ai vue si belle que dans ces lieux où tu *triomphais*
sous *les justes maîtres !* » Et précisément si nous

avions voulu fixer, enfermer le cœur de la France en une ville, nous aurions plutôt choisi Paris, qui n'est pas une ville morte de silence, mais la grande cité du labeur quotidien et de fermentation socialiste, où palpite et brûle tous les jours l'éternelle âme du Travail cent fois plus passionnante qu'un somptueux monument, puisque d'ailleurs nous ne sommes tant émus à la beauté des palais que parce qu'elle est l'œuvre du travail des générations révolues et fraternelles, qu'elles soient françaises, italiennes ou que ce soient même les innombrables asiatiques et africains asservis par les rois d'Egypte !

CHAPITRE II

LA LANGUE

La marque de notre époque, dans la plupart des pays d'Europe, est la mollesse anémique sous le poids de la paix armée et de cette incertitude d'idéal que l'on traîne depuis les guerres de 1863 à 1870. Mutilation du Danemark neutre et de la France qui se dépensait pour le principe des nationalités, écrasement de la démocratique Pologne : on ne sait plus où aller ; on a peur d'être dupe en étant idéaliste ! Les gouvernements républicains se tapissent dans la prudence diplomatique qui détermine la flaccidité spirituelle ; les principaux écrivains n'osent revendiquer les grands principes que proclamait à l'Europe un Victor Hugo : J.-H. Rosny rédigea, il est vrai, une *Histoire de la guerre anglo-boër* mais sans pouvoir claironner d'appel dans la presse, sans chercher à secouer l'opinion mondiale ; ceux qui ont l'autorité et le verbe fameux, un Anatole France ni un Jaurès, ne se sont émus des misères polonaises et serbes, qui souillent l'Europe contemporaine, jusqu'à cette indignation qui crie, insulte, gifle — pour la redresser — la conscience européenne !

Cette mollesse devait se communiquer fatalement à notre langue. Elle reste riche mais comme l'est le pays : de l'héritage des siècles ; elle n'est plus assez active. Pas de nouveauté : la voici même tout à la réaction. Par delà le romantisme, dont on répudie avec les déclamations les générosités, elle se replie vers les limites du xviiie siècle : notre vénérable Anatole France autant que son ami Maurras se trahit, en matière de forme, réactionnaire. Le magnifique débordement de la science même dans notre civilisation n'a guère laissé de trace, d'alluvions, dans le vocabulaire courant ni dans le champ des métaphores : après les éblouissantes découvertes des Pasteur et des Berthelot on s'exprime avec les mêmes images, aujourd'hui ternies, qu'aux jours du Romantisme. Aux débuts de son œuvre, J.-H. Rosny qui s'annonçait et pouvait s'imposer, par la force de son génie, la certitude de ses connaissances et la délicatesse poétique de son goût, le puissant ouvrier du verbe dans son époque comme Hugo le fut dans la sienne, se vit tôt obligé de couper court à telle inspiration : il lui eût fallu, avec l'égotisme, le rang, la fortune et la superbe d'un Chateaubriand afin de poursuivre jusqu'aujourd'hui son action révolutionnaire... — on appelle révolutionnaires les évolutionnistes qui ont l'audace de la création.

En France comme en Allemagne, le public contemporain est un public de diplômés qui croient savoir leur langue parce qu'on leur en a appris les règles réclamées pour l'obtention du bachot, public éduqué par une bureaucratie. Il entend que ses auteurs se plient à ces mêmes règles qu'il peina et paya pour s'assimiler. Ce n'est pas à lui qu'il faut demander de reconnaître les esprits indépendants et de travailler à l'extension de la langue. La vérité ne peut être proclamée que par ceux qui le savent : une petite élite d'écrivains et de philologues.

Les écrivains s'y comptent peu nombreux, parce qu'ils n'ont en général guère eu le temps ni le goût d'étudier la morphologie du langage : au lycée ils furent rarement très laborieux ; passé les examens, infatués de leurs succès *en rhétorique* et de leur érudition en orthographe et syntaxe scolaires, ils n'ont plus guère lu *avec ordre et méthode de comparaison* les anciens des siècles derniers : ils étaient bien plutôt portés à fouailler de verve présomptueuse les universitaires. Pour la plupart ceux-ci à la vérité, — beaucoup moins d'ailleurs que dans d'autres pays, — ignorent presque tout de la littérature contemporaine et s'enlizent dans le commentaire de certains auteurs consacrés. Mais quelques-uns ont approfondi la langue avec toutes les méthodes et les ressources de la philologie qui est devenue une science outillée presque comme la physique ; et les savants, là comme pour les sciences expérimentales, se trouvent presque tous à l'université où ils ont la commodité des traitements, des laboratoires, et — le meilleur des laboratoires, — une chaire où ils apprennent à enseigner. De nos jours c'est à l'Université qu'il faut quérir non seulement l'érudition, mais la science, et, ce que celle-ci assure, l'expression impartiale de ce qu'elle estime la vérité. L'Académie tient à rester un salon : or la langue n'est plus le florilège d'une cour, d'une élite élégante, mais le véhicule de communication et de suffrage universel : le laboratoire de la conscience et le moteur ailé de l'action. C'est le mode actif d'un enseignement national si ce n'est encore le parlement de toute la nation.

La Sorbonne a reconquis son ancien prestige sur l'Europe. A ses abords on n'entend plus bruire que les langues russe, polonaise, tchèque, serbe, bulgare, roumaine : c'est par centaines souvent que de chaque nationalité étrangère les étudiants y accourent. On sait quelle mystérieuse, religieuse réputation un Durkheim avec un Bergson méritent jusqu'en Amérique à notre investigation philosophique. La supériorité en histoire des Lavisse, des

Seignobos, des Langlois, des Aulard, en géographie
des Vidal de la Blache et des Marcel Dubois, est re-
connue de toute l'Europe où encore, dans plusieurs
pays, la personnalité grave et fine d'un Ernest
Denis vaut à notre haut enseignement l'ascendant
d'un austère et impartial libéralisme. Là est la noblesse de la science ! Les Faguet, les Croiset, les
Boutroux, les Liard, vingt membres de l'Institut, y
ajoutent le lustre séculaire des plus brillantes
institutions de Belles-Lettres qui prospèrent par le
monde et du retentissement de leurs œuvres alertes
et solides. Romain Rolland, avec la sincérité et
l'élan harmonieux de ses enthousiasmes, charme,
entraîne plus de dévots auditeurs que jamais n'en
persuada même Brunetière : on vient exprès des
frontières de l'Europe pour l'écouter, pour consulter
sa généreuse et grandiose conscience.

Il ne manque à notre établissement de la rue
des Ecoles que de donner plus d'ampleur et de po-
pularité à ses cours et à ses conférences libres, de
savoir inviter à parler sur les sujets où ils ne
peuvent blesser aucune élite les docteurs illustres
de notre pensée : c'est là que le discours d'Anatole
France sur Rabelais eût dû être prononcé, qu'on
eût pu inviter un Clemenceau à nous caractériser le
jeune génie des républiques latines, un Paul Adam
à célébrer la hardiesse des Yankees comme il le fit
avec tant de clarté et d'éloquence dans ses *Vues*

d'Amérique. Quel éclat de finesse, quel enthousiasme parmi ces jeunes têtes slaves, bouclées et chaudes, qui se pressent aux amphitéâtres ; et quelle propagande le lendemain dans les lettres dépêchées à leurs parents et à leurs amis ! On peut l'imaginer à la ferveur avec laquelle ils parlent déjà entre eux de certains maîtres, comme le philologue Ferdinand Brunot.

Ses titres, sa carrière, son œuvre imposent.

Sitôt bachelier, il alla étudier l'Allemagne avant de se présenter à l'Ecole normale — d'où il devait sortir premier de l'agrégation de grammaire en 1882. L'Université était alors aux mains d'un professeur de quatrième, M. Duvaux ; on avait promis diverses missions aux bons élèves : malgré une promesse formelle de l'envoyer dans une université allemande, on assigna à M. Brunot un poste au lycée de Bar-le-Duc. Il y resta une année. La suivante, il fut nommé en Faculté à Lyon. Le voilà obligé d'apprendre au fur et à mesure ce qu'il avait à enseigner : en dehors de la grammaire de Diez on ne possédait point de livres, pas un dictionnaire. De 1883 à 1887, M. Brunot établit sa *Grammaire historique*, qui est, nous dit un jeune universitaire, le « bréviaire de toute une génération » : bréviaire libéral, et de libération. En même temps commence sa vie publique : fondateur de l'Union Patriotique du Rhône, en bon Lorrain, il groupe en face de la Ligue des Patriotes devenue politique 3.000 adhérents directs et 30.000 indirects appartenant à toutes les sociétés d'éducation militaire de la région ; il réorganise à Lyon la Société de Secours aux blessés, et on fonde des groupes à Romans, Saint-Dié, etc. En 1891, il soutient ses thèses l'une sur *La Doctrine de Malherbe d'après son Commentaire sur Desportes* ; l'autre sur *Ph. Bugnyon et ses Erotasmes*, destinée à prouver aux Etudiants de Lyon qu'avec les archives de la Ville on pourrait reconstituer presque toute la carrière d'un homme du xvie siècle, fût-il à peu près inconnu.

Le succès de ses thèses le fait appeler à Paris où il se partage entre ses cours à la Sorbonne ou à l'Ecole normale et l'action : c'est alors la création des cours de vacances de l' « Alliance française », et bientôt il se passionne pour l'affaire Dreyfus. Je me le rappelle cependant. C'était un des deux ou trois professeurs les plus séduisants parce qu'il aimait persuader ses élèves traités en collaborateurs, les entraînant dans une association de travail et d'enthousiasme. A ceux que venaient de préparer les livres de Brunetiére sur l'évolution des genres, il montrait la beauté palpitante de l'évolution de la langue, ce qu'il y a en elle de vivant et de militant. Il faisait chanter la langue, la symphonie du travail

de tous qu'est une langue. Ses yeux francs, son
port ferme, sa simplicité et sa bonhomie, sa voix
surtout, sa voix d'une sonorité comme nacrée, char-
maient les étudiants et de nombreuses étudiantes
que sa réputation d'allègre intelligence moderne
avait attirés. On se répétait, en effet, dans les
couloirs qu'au lieu de se claustrer en les auteurs du
programme il avait lu et commenté les contemporains célèbres — Loti, France, Huysmans, Rosny,
Adam — pour lesquels la jeunesse s'échauffait, qu'il
en tirait des exemples au cours de ses leçons, qu'il
analysait Chateaubriand avec une exaltation harmonieuse, que sous sa correcte apparence d'impas-
sibilité douce il vibrait des préoccupations du jour
et de l'agitation martiale de la rue. D'un ton de mé-
lodieuse philosophie il faisait avec crânerie des allusions aux événements et aux opinions. On le com-
prenait à demi-mot et de tout cœur. Soudain le flux
d'un tumulte montait la rue Saint-Jacques : des
élèves en pharmacie et en médecine allaient cons-
puer à l'Ecole de droit un professeur parce qu'il
avait signé une adresse des « intellectuels » !
M. Brunot écoutait, et disait : « Vous êtes libres,
messieurs, de sortir : vous êtes des hommes. Allez
selon votre conscience ».

Ses élèves estimaient qu'il était un patriote, celui
qui se proposait avec une si stricte discipline de refaire de Paris « ce qu'il n'aurait jamais dû ces-

ser d'être, la capitale des études de langue romane ».

Il avait alors déjà publié dans le grand recueil de Petit de Julleville une ébauche de son *Histoire de la langue française.*

En 1900, en possession affermie de sa science, il entreprend de donner à la nation deux œuvres également magistrales : des méthodes enfantines de la langue française, son Histoire de cette langue. C'est celle que l'Institut vient de couronner de son grand prix Gobert.

La méthode enfantine est l'œuvre civique d'un grammairien éminent. Débarrasser l'enseignement de la langue des excessives chinoiseries orthographiques, et, rompant avec les méthodes scolastiques d'analyse, conduire l'enfant *par l'observation* à *se faire lui-même sa règle* et à former en même temps son esprit, quelle simple révolution ! La position de M. Brunot dans la question de la réforme orthographique ne se mesure bien que si on connaît la réforme pédagogique qui l'a rendu célèbre en Suisse, au Canada, en Angleterre, en Allemagne, en Espagne.

De sa si complète et ingénieuse histoire de la langue, il est passionnant pour l'écrivain et le polémiste de dégager les idées générales. Ce n'est point entreprise facile, car il ne songe pas à s'y attacher

lui-même : savant avant tout, il étudie en les dé-
pouillant avec ordre les livres d'une période, soucieux de précision pour la plus ample et sûre exposition ; il ne juge guère ; scrupuleux d'impartialité,
il n'a pas pris le loisir de se former un parti déci-
sif, et, si on veut marquer en relief ses opinions per-
sonnelles, il faut recourir à ses articles, si plaisants
et forts de verve, dans *La Revue hebdomadaire, La
Phalange* ou quelque autre périodique. Son *Histoire de la Langue* est à la vérité plutôt un exposé
analytique qu'une histoire où, à certains moments,
se synthétise — car les jugements ne sont que des
aperçus synthétiques — la méditation de la mêlée
si complexe des actions et des réactions. Cette élucidation s'impose quand on examine l'œuvre des
grands artisans, celle d'un Malherbe par exemple.
Or, l'on ne trouve point dans le tome consacré
aux années 1600-1660 un morceau d'ensemble où
se mette à nu la colonne vertébrale de sa doctrine
qu'il importe cependant de percevoir dans son plan
essentiel, car elle est ce qu'il y a de plus exemplaire
dans le classicisme ; on n'en voit point où les
opinions et règles de Malherbe soient expliquées par
sa personnalité, son éducation et sa carrière. Je
pourrai seulement citer ces lignes :

Presque dans toutes les directions, Malherbe est allé
trop loin. Sous prétexte de régularité, il impose à la

phrase un tracé géométrique, supprime l'imprévu, tout ce qui fait par moments la hardiesse et le bonheur du tour. Il demande la clarté et ne s'inquiète pas des répétitions et des surcharges. Il épluche le lexique, mais avec une telle sévérité qu'il laisse tomber bien des mots nécessaires. Il se soumet à l'usage mais jusqu'au point de se mettre parfois dans une posture fort gênante, comme lorsqu'il préfère supprimer le pluriel des mots en *euil*, indispensable cependant, pour la raison que les anciennes formes sont mortes et les nouvelles non encore approuvées. C'étaient là des exagérations incontestables. Il n'est pas jusqu'à la conception même de la règle et de son empire absolu qui ne fût discutable. Il semblait que la langue ne put jamais échapper aux excès. Après avoir subi les inconvénients de l'anarchie, elle allait connaître ceux du pouvoir tyrannique ; on l'avait chargée d'ornements fastueux ; maintenant elle devait renoncer au luxe, et apprendre à faire grande figure avec une petite aisance, toute proche de la pauvreté.

Considérations fines, subtiles et serrées, mais elles ne s'éclairent pas de cette révélation qu'est une explication. L'histoire ne doit s'arrêter à une exposition. La langue étant part aussi importante de la civilisation que le régime financier ou une campagne militaire, nous ne pouvons juger ce que vaut l'œuvre de Malherbe dans le siècle de Richelieu et de Louis XIV si l'on ne nous présente point avec netteté et avec la couleur de la vie ce qui la détermina. »

Dans les lignes précédentes, le libéralisme — modéré — de M. Brunot se dénote. Son indulgence pour la liberté est en général apparente : quand il examine le XVIe siècle, il tient visiblement pour les grammairiens démocrates tels que Ramus, il est pour Ronsard quand celui-ci dit formellement que le poète doit être « porté de fureur et d'art, sans toutefois se soucier beaucoup des règles de grammaire ». Et dans *La Revue hebdomadaire*, considérant la situation au XXe siècle, il déclare : « Je ne crois ni à la nécessité, ni à la possibilité de nous défendre au moyen d'un protectionnisme étroit. Il faut laisser couler le flot boueux sur notre sol qui en a vu passer d'autres ». Ce libéralisme n'est point ardent individualisme : il se borne à en opposer les droits à ceux de l'usage commun, *à les équilibrer* : « Une langue est à la fois chose commune et chose individuelle. Elle a pour devoir non seulement d'exprimer des idées objectives mais d'extérioriser l'âme humaine ». Cette mesure ne le retient point de proclamer, avec une subtilité acérée, les droits de l'originalité : « Desmarest, Pradon, Cotin, Subligny avaient à peu près la même langue. Molière, Racine, Bossuet adaptaient la leur à leur âme ». Cela suffit contre les Cotins du jour !

Par sa campagne franche dans la presse et jusque dans des revues d'une indépendance vaillante comme *La Phalange*, il a signifié, ces dernières années, qu'il tenait catégoriquemeut pour l'indépendance du français vis-à-vis du latin. Certains ont cru là à quelque manifestation de néo-dreyfusisme ; il faut chercher les raisons de sa détermination dans l'étude forte et souple de notre vieille langue. Il y a trouvé des droits de blâmer les grammairiens qui, jusqu'au xvi⁰ siècle (ainsi Dubois), voulurent la rattacher intimement à la langue morte.

Il s'inscrit contre toutes les exagérations. Au xvii⁰ siècle contre l'influence exclusive de la cour. Pour les écrivains d'alors la langue du roi devait primer absolument celle du peuple : « Elle était au fond une forme de foi monarchique ». Contre les prétentions de l'Académie ! cette faiseuse de dictionnaire qui, depuis la mort de Gaston Pàris « ne compte point parmi ses membres un seul philologue ». « Il y a bien une langue académique, mais elle n'est pas pour les académiciens … — et, n'étant pas pour eux, elle n'est pour personne. » « On ne lirait pas vingt pages d'Hugo ou de Flaubert sans relever dix mots dont personne n'a pris note sous la coupole. » Et les juristes ! Selon Malherbe des mots comme *idéal* devaient être laissés aux pédants : Mot d'école, prononçait-il gravement, et qui ne doit pas se dire aux choses d'amour. » « Comment continuer à professer un respect inviolable pour la règle de *tomber à terre, tomber par terre* quand on la voit sortir de l'imagination d'un Andry de Boisregard dont le nom est et mérite de rester inconnu à jamais ? » Ceux de 1910 ne lui paraissent pas plus avisés : « Quel style, cela n'est pas français ! se récrie-t-on souvent, et il arrive qu'en croyant atteindre un contemporain on donne une nasarde à Molière ou à Bossuet. *Il m'a causé* vous donne le cauchemar ? Fort bien ! mais savez-vous que Corneille s'en servait. » (Littré cite d'autres auteurs.) Il raille fort les grammairiens du xixe siècle dont les progrès de la philologie ont émietté les codes (1).

En la matière si délicate de néologisme on ne saurait garder un avis plus équilibré : M. Brunot veut que ce soit un droit d'en créer, mais non un devoir envers la langue. Il blâme « la grosse méprise des écrivains du xvie siècle qui a consisté jusqu'au bout à chercher l'originalité surtout dans la langue au lieu de la chercher dans le style ». Mais quand il arrive à notre temps, à Chateaubriand, à Balzac, avec quelle joie et même quelle aisance il se laisse entraîner par le courant de force et de richesse ! Il ne vitupère point les Goncourt comme se le permit un marquis de Ségur. Il respecte Mallarmé, se charme aux souples modulations de Verlaine, ne s'arrête net

____

(1) Histoire de Petit de Julleville, tome dernier.

qu'aux prétentions de certaines proses instrumentalistes à rivaliser avec la musique sans raison de rime, sans rime ni raison.

Plus partial est-il contre l'archaïsme parce que ce sont les raffinés et les faux savants qui s'en servent en général. Il blague Mlle de Gournay qui voulait conserver tous les vocables dont se servait Montaigne. Une telle sentimentalité prête évidemment au sourire. Mais, pour ma part, je ne le trouve pas assez sensible au besoin, au devoir aussi, de solidarité avec les vieux auteurs qui ont si patiemment peiné pour ouvrer la plus délitable langue : il estime trop vite comme irrémédiablement condamnés des mots tels que *magnifié, chef, choir, endosser le harnois* (1) ; il ne tient pas compte de ce qu'un genre qui se développe légitimement de plus en plus, le roman historique ou le récit dans l'histoire — par quoi précisément nous aimons, par sensibilité plus solidariste, nous rattacher aux gens du passé et les faire revivre en nous — rafraîchira mille vieux mots qui ont gardé la saveur de leur siècle et de sa civilisation. Si Vaugelas regrettait les vieux mots, combien après un Michelet, un Hugo nous avons raison de les

____

(1) Nous apprenons de lui-même que furent condamnés au xviie siècle des mots tels que *adolescence, allégresse, angoisse, anxiété, ardu, atour, banquet, bénin, complainte, émoi, liesse, manoir, navrer, œillade, prouesse.*

regretter, ces fluides verbes où s'égoutta la vie de tout un siècle, ces philtres de résurrection !

Les critiques professionnels — professeurs y compris, — les jeunes écrivains qui inclinent par anémie et boiterie au néo-classicisme, le grand public ne saurait assez lire les œuvres autorisées d'un Brunot ; et leur conseillerait-on de préférence le chapitres si attrayants de l'*Histoire de la littérature* de Petit de Julleville (1). M. Brunot leur infligera quelque modestie dans leurs prétentions — d'arbitres en élégance et d'érudits – à juger en connaisseurs de la langue : il leur révélera sur quel fond peu sérieux s'érigent leurs pédantesques croyances, leurs superstitions de puristes. Il est le maître qui s'impose à tant de petits-maîtres.

Surtout il est un excitateur de force, — sinon d'audace à inventer, — de bravoure à exprimer tout ce que l'on pense d'essentiel et à s'adapter aux nécessités nouvelles du siècle. Si l'on crie au danger, si l'on invoque la supériorité de la langue du grand siècle, je répondrai en citant l'éloge que ce professeur, si savant en vieux français, a formulé de la France contemporaine :

Le xixe siècle a marqué plus qu'un rajeunissement :

(1) A. Colin, éditeur. C'est également chez A. Colin qu'a paru l'*Histoire de la Langue.*

une vraie renaissance. Par un de ces brusques retours dont se compose sa longue histoire, notre langue s'est éprise tout à coup des qualités qui lui manquaient : la richesse, la variété, la couleur, le nombre, et en cinquante ans elle les a toutes acquises. Chaque école lui a apporté, et c'est même être singulièrement ingrat que de ne pas apprécier à sa valeur l'effort des vingt-cinq dernières années. Il peut plaire ou déplaire, il a été puissant et il était nécessaire. Jamais notre français n'avait été cultivé avec plus de soin et d'amour. On l'a traité comme une matière précieuse que des artistes infiniment délicats façonnaient, sinon avec respect, du moins avec passion. Personne ne l'eût cru capable des nuances expressives qu'ils ont su lui donner, et depuis le Moyen Age il avait perdu les qualités musicales qu'une technique savante, un sens profond des harmonies et des rythmes lui a rendues, au point de lui permettre de traduire directement par endroits, ainsi que la musique, les caractères, les rapports des êtres et des choses, les émotions qui se dégagent de l'âme du monde.

Après ce progrès de mélodie, peut-être nous incombe-t-il maintenant de faire progresser la langue en énergie, en éclat métallique, en rythmes d'éloquence, — car elle est plutôt aujourd'hui une « écriture », selon le mot significatif de Goncourt, qu'une « parlure » — de lui donner plus de verbes mâles qui suppriment trop d'épithètes explicatives, de la rendre la plus musculeuse des langues européennes, pour cela de l'épurer comme d'une mauvaise graisse de son amas d'exceptions, d'assouplir la syntaxe raidie par les distinctions encore trop rigoureuses entre les prépositions, d'en composer une force de propagande et ce qui convient à notre humanitarisme comme celle du xvi⁰ siècle convenait à son humanisme.

Je voudrais qu'en ce sens ou un autre, celui qu'il préférera, M. Brunot désormais agît plus vigoureusement, qu'après avoir été un historien, un savant de la langue il en devînt un politique. Trop de gens décident, commandent, qui ne savent rien. Le savant doit à un certain âge se jeter dans la lutte. Quel beau rôle pour lui d'aider les individualités à développer non tant leur tempérament que leur connaissance aimante du monde, d'intimider tous les néo-puristes qui s'érigent en censeurs, et, — débarrassant la littérature jeune des entraves où l'immobilisent les incompétents, pour qui l'élégance n'est que la stylisation de leur impuissance — de lui rendre l'élan et la magnificence de jeunesse qui permettent les conquêtes fructueuses aux langues et aux peuples !

CHAPITRE III

EXOTISME ET HUMANITÉ

Notre langue se veut d'autant plus luxuriante, large, hardie qu'à l'expansion de notre génie de liberté et de fraternité correspond inéluctablement l'extension de notre littérature. Déjà nous possédons un immense empire colonial : notre domaine d'action intellectuelle n'est pas moins vaste en Europe. De là double nécessité : une langue qui non seulement reste la langue diplomatique le plus usuelle mais s'emploie plus harmonieusement dans les congrès de paix et de science, naturellement formée à cet usage par les écrivains les plus libéraux et les plus clairs du monde : une littérature où, plus spontanément que dans les autres, les races jusqu'ici asservies de l'univers cherchent à émettre leurs aspirations.

A l'étonnement des élites la presse européenne

désigna le romancier indo-anglais Rudyard-Kipling comme devant obtenir avant Loti le prix Nobel : il jouit, en effet, d'une réputation universelle, qu'il doit beaucoup plus à l'intransigeance provocante de son impérialisme qu'à son génie littéraire, incontestable mais insuffisant à lui assurer aussi rapidement sa gloire mondiale. On méconnaît, dans l'Europe et dans l'Amérique, non seulement que la littérature française (de France, Belgique, Suisse) présente de plus beaux génies humains et, en première ligne, un précurseur de Kipling et de Wells, l'admirable créateur de *Vamireh*, du *Bilatéral*, de *l'Impérieuse Bonté*. des *Xipéhuz*, de *l'Indomptée*, de *Sous le Fardeau*, les Rosny, mais encore que la littérature coloniale de langue française est beaucoup plus riche que celle de l'Angleterre.

Kipling a plus frappé l'imagination européenne parce qu'il *impose* des personnages et un idéal catégoriques, sommaires, — peints en quelques traits sûrs ou exposés en quelques formules impérieuses. L'Anglais domine les races vaincues, ordonne, tranche, crie sa supériorité, dont il a un sentiment biblique presque fanatique : son impérialisme s'exprime par un lyrisme ardent, au verbe pressant, à la syntaxe martelée, au ton altier qui commande l'admiration des lecteurs européens accoutumés par une éducation de tant de siècles au culte de la gloire et de la force guerrière. Le Français, égalitaire même

quand il n'est qu'un soldat un peu brutal d'expédition rapide, cherche spontanément à assimiler les
indigènes soumis : c'est une conquête intellectuelle et
morale lente qui implique les minutieuses analyses,
une politique fluctuante, la plus souple enquête humanitaire. Il en résulte, — sinon par effet immédiat,
par correspondance, — une littérature coloniale toute
de longues peintures, de psychologie subtile, d'idéo-
logie et de sociologie extrêmement complexes, où
le génie se disperse généreusement au lieu de se
concentrer, de s'accentuer, de se carrer.

Au nom à peu près unique de Kipling — car on
ne saurait guère en rapprocher ceux des Olive
Schreiner — la littérature française peut opposer
non seulement, pour ne pas parler de Bernardin de
Saint-Pierre et de Chateaubriand, l'admirable Fromentin, qui eut un génie du mot pittoresque égal en
sa différence à celui de Kipling ; Leconte de Lisle,
qui a magnifié l'Inde avec majesté en l'exprimant
avec filiale fidélité ; Léon Dierx, prestigieux harmoniste créole, haut esprit caressant et rêveur ; Loti,
créateur d'êtres divers qui témoignent d'une compréhension de l'âme humaine dans sa richesse que
ne manifeste point Kipling, bien plus luxuriant
peintre encore que lui de la jungle tropicale ; le
magnifique Claudel des *Connaissances de l'Est*, que
tant de ses aînés célèbrent comme un des plus
somptueux maîtres du verbe depuis Hugo ; Gauguin

avec *Noa-Noa*, parfumé d'une simplicité plus aromatique que celle des Siciliens antiques ; Guillaumet, meilleur écrivain que peintre ; Cherbuliez et Arène, touristes avisés de l'Algérie et de la Tunisie ; les Margueritte, qui naquirent à Alger et la décrivirent si délicatement ; Léon Hennique dont *Peuf* reproduit avec l'exquisité du souvenir les paysages de la Guadeloupe, où il naquit ; Francis Jammes et André Gide, qui a aimé avec la plus subtile passion le Désert dans cinq ou six livres intenses ; Jean Lorrain, dont les *Heures d'Afrique* sont l'œuvre la plus noble — colorée, grouillante et gracieuse, — Victor Barrucand, poète, artiste en journalisme nuancé et en voyages colorés, — sans oublier les voyageurs, les Chevrillon, les Jules Bois, les Métin, les Jean Rodes, les d'Espagnat, etc.

S'y joignent des noms nouveaux : Louis Bertrand, dont le très beau roman *Le Sang des Races* montre le labeur des races latines conquérant l'Afrique, dont la *Cina* et *Pepete le Bien-Aimé* font valoir les caractères et les mœurs de ces Néo-Latins ; Myriam Harry, dont la *Conquête de Jérusalem* suit un roman sur le Sahara et *Petites Epouses*, qui est le livre où revit le plus picturalement le Tonkin, même après Bonnetain ; Jean Ajalbert, qui fait connaître l'inconnu Laos dans sa svelte et toute dorée *Saovan Di* ; John-Antoine Nau, ardent évocateur des Antilles, notamment dans cette *Force ennemie* que couronna l'Académie Goncourt ; Jacques et Marie Nervat, qui, après de nobles poèmes, publièrent un roman sur les libérés de Calédonie, *Célina Landrot* ; Raymond Marival, le sentimental romancier de la Kabylie avec *Chair d'ambre* et *Le Çof* ; Azal, dont les *Sylves noires* modèlent avec puissance les êtres et les choses du Sénégal.

Prises parmi les récentes, deux œuvres remarquables viennent encore manifester l'ampleur de la littérature coloniale de langue française :

Les *Colons*, de Robert Randau (1), écrivain algérien déjà très vivement apprécié de l'élite pour ses recueils de vers et ses essais de revues, sont le premier grand roman écrit sur l'Algérie par un natif, œuvre de synthèse autant que d'analyse, où tous les thèmes — race rouge primitive, commerce carthaginois, colonisation romaine, art byzantin, mystique arabe, kabbale juive, politique antisémiste — se développent en fresques idéologiques pour constituer finalement l'idée la plus intégrale de l'unité algérienne. On n'exagère point en disant que c'est une épopée magnifique dont on ne saurait assez conseiller la lecture à ceux qui ne craignent pas le style artiste, même un peu frénétique, quand il s'agit de goûter une œuvre intense, grouillant d'êtres

(1) Sansot, éditeur.

intrépides et illuminée de soleil. Là vivent tous les types de la colonisation nouvelle : militaires, médecins de la brousse, colons et leurs filles, étudiants, pêcheurs maltais, conseillers généraux et fonctionnaires.

Dans les *Immémoriaux* de Max Anély (*Mercure de France*) le sujet est l'âme des indigènes, l'étude des croyances maories, de leur effacement lent dans l'imagination avant puis après l'arrivée des missionnaires, la juxtaposition de la légende biblique à la polynésienne, l'imagination canaque confondant certaines parties des légendes diverses par un pittoresque métissage intellectuel. En somme, l'Europe, représentée par ses missionnaires, beaucoup plus que par ses commerçants ou ses militaires en Océanie, y modifie superficiellement le tempérament d'hommes jusque-là isolés par les mers dans les théogonies et cosmogonies si anciennes que la mémoire finissait par les oublier : évidemment, une telle substitution de légendes religieuses ne peut constituer la civilisation, mais une œuvre d'une facticité et d'une vanité que l'auteur dénonce puériles. Sans faire le procès violent de l'évangélisation de l'indigène par les Pritchard britanniques ou leurs émules, il n'en condamne pas moins les procédés immoraux que, sans scrupules, les annonciateurs de la nouvelle religion emploient pour la faire triompher : injustices, impôts, corvées, assassinat

et prostitution ; il apparaît avec force et finesse,
grâce à l'artiste, que la grande cause d'erreurs de la
colonisation est le défaut de sens politique et humanitaire d'adaptation : défaut d'esprit critique, de
compréhension poétique, de science ethnographique.

Pour la première fois un romancier a si noblement, si parfaitement reconstitué un « état d'âme »
purement indigène et même une atmosphère d'antiquité naïvement exotique. En consultant l'esprit des
légendes, l'âme des chansons, le rêve des récits, le
caractère des dictons, en approfondissant tout le
folklore polynésien, M. Max-Anély est parvenu à
recomposer et ressusciter dans sa vivante saveur la
mentalité tahitienne primitive que Gauguin avait
pressentie dans *Noa-Noa*. Après la lecture de Bou-
gainville, Morenhout. Loti et Gauguin, on savait
comment *sent* l'indigène ; ici nous voyons comment
il pensait et il pense, quelle était la couleur de sa
rêverie, et nous respirons comme l'arome de ses
songes. L'originalité de cet ouvrage, où un style
ingénieusement nuancé dessine de grands paysages
primitifs et teinte les scènes les plus naturellement
animées, est de se montrer une œuvre d'imagination
constamment inspirée d'érudition ethnographique.
Et, comme tel, il marque une date dans le roman,
celle d'un nouvel exotisme, qui ne se satisfait
plus des impressions d'un voyageur de passage et

demande à la connaissance des chants, proverbes
et récits, et jusqu'à des gestes indigènes de l'aider à
recueillir l'essence même de l'âme. L'exotisme devient ainsi ce qu'il doit être pour assurer sa fidélité
aux conceptions de l'époque où il se développa : une
révélation d'humanité. Rien autant qu'un tel ouvrage,
artistement et judicieusement consacré à nous faire
goûter les douceurs câlines, les étrangetés solennelles, voire farouches, la liberté rêveuse des mœurs
de la Polynésie avant l'arrivée des Européens, ne
peut inspirer à ceux-ci des scrupules dans leur
œuvre colonisatrice, les convaincre de la nécessité
d'un tact aussi artiste qu'humain en matière de conquête et d'assimilation.

La littérature coloniale de langue française a cette
beauté d'offrir la plus riche contribution, non seulement à l'étude de l'âme humaine, mais à l'élaboration d'une politique humanitaire d'association :

CHAPITRE IV

DEVONS-NOUS ÊTRE LES CHINOIS D'EUROPE ?

On se rappelle que cette épithtète de « Chinois d'Europe » fut appliquée aux Français par Biornstierne Biornson au moment de l'affaire Dreyfus et de la crise nationaliste. Ce grand écrivain scandinave leur reprochait d'ignorer, de ne pas méditer l'âme, les préoccupations intellectuelles et sociales propres aux autres nations d'Europe. À quoi quelques nationalistes avaient répondu qu'on ne pouvait vraiment s'attacher qu'à ce qui touchait directement sa race.

Voici qu'à propos de plusieurs romans coloniaux récemment parus, des critiques parisiens déclarent qu'il n'y a pas lieu de s'intéresser profondément à l'âme, aux questions sociales, aux grands motifs des races qui se développent dans nos colonies sous notre domination. Il importe de citer, et j'emprunterai mes citations à M. Léon Blum, qui

résume avec une force de finesse et une dialec-
tique conséquente qui frappent, le sentiment d'un
grand nombre de Parisiens. « La raison m'en paraît
bien simple, écrit-il, c'est que le roman colonial
décrit d'autres sociétés que la nôtre, faites d'autres
éléments, reposant sur d'autres faits et sur d'autres
mœurs. Sans doute, il peut signaler des abus, inspirer des réformes, suggérer des réflexions *importantes* sur la valeur comparée des morales et sur le
mérite relatif des races. Mais des réflexions de cet
ordre restent *superficielles* et passagères, elles ne
remuent pas des sentiments profonds, n'ébranlent
pas les ressorts actifs de l'intelligence et cela parce
que notre vie propre *n'y est pas intéressée*. Romans
sociaux pour les gens de là-bas, sans doute, mais
pas pour nous. Il y a certaines qualités d'émotion
que peut seulement susciter le spectacle d'êtres
pareils à nous, d'une société faite comme la nôtre
ou que nous puissions transposer dans la nôtre...
J'ai trop conscience de la légitimité, de la nécessité
du roman social (roman social français-métropoli-
tain, entend dire M. Blum) pour ne pas me défendre
aussitôt, dans la mesure de ma force, contre *la di-
version exotique.* »

Suivent des considérations littéraires érudites
et spécieuses auxquelles il conviendrait de répondre
s'il ne valait mieux limiter l'explication à la question
principale, assez importante vraiment à un moment

de liquidation pour toute la politique coloniale de la troisième République.

On ne pouvait rédiger profession de foi plus nationaliste et moins socialiste.

Moins socialiste : — C'est, en effet, tenir exactement au colonial, citoyen français (payant outre les impôts des droits de douane et d'octroi exorbitants et entretenant des fonctionnaires métropolitains, dont il se passerait volontiers), c'est lui tenir le même raisonnement que le bourgeois jadis à l'homme du peuple, celui qu'en 1848 encore on employait constamment contre le roman social lui-même : « Vous ne m'intéressez pas ; je suis autre que vous ; les infortunes et les crises morales des ouvriers ne remuent pas en moi des sentiments profonds. »

Plus nationaliste : — Certes, M. Léon Blum a nettement formulé des préjugés, non de sol seulement, mais de race, en vrai gobinien utilitariste. Se défendre d'associer aux siennes des émotions de races étrangères, c'est singulièrement restreindre l'humanité en même temps qu'être chiche de sa sensibilité. Fut-il en vérité la peine pour nous de prendre à cœur l'affaire Dreyfus dont le but était de prouver à des Occidentaux de France qu'il n'y a pas de différences de races devant l'humanité, que nous devons nous intéresser également aux droits primordiaux des Aryens de France et des Juifs qui, en somme, ont depuis longtemps fait poser aux nations le problème, sinon de l'exotisme, du moins de l'orientalisme ? A ce moment, M. Blum aurait été avec nous pour ne pas accepter qu'on écrivît, comme il vient de le faire : « notre vérité », car on proclamait alors une vérité *une* pour l'humanité *une*.

Il semble étrange qu'on ait à conquérir encore un principe qu'on croyait acquis dans l'esprit français depuis la Révolution. Oui ou non, avons-nous en 1789 proclamé fraternelles les races de nos colonies, et n'est-ce pas un des articles essentiels de la tradition républicaine ? Et alors notre sensibilité, suivant notre raison — la Raison de 1792 — ne doit-elle point partager leurs joies et leurs souffrances par le moyen de l'art, dont c'est la pure utilité ? Un grand nombre de Français l'ont estimé de 1840 à 1850, et ce furent surtout les journaux et revues républicains et socialiste d'alors qui s'ouvrirent à la littérature exotique très abondante.

Roman social ne veut rien dire s'il ne signifie en dernière expression roman social humain. La définition qu'en donne un de ses plus dévoués apologistes, M. Léon Blum, le réduirait à n'être que national. Mais même encore qui permet de restreindre aussi étroitement la valeur de « national » ? Trop peu — il le reconnaîtra lui-même avec équité — savent aujourd'hui ce qu'est *dans sa réalité et sa complexité* la nation française parce que trop peu ont assez voyagé pour savoir qu'il existe en dehors de la France métropolitaine des Français aussi Français que ceux du cosmopolite Paris, et qu'une question sociale qui affecte les uns ne peut manquer de toucher par correspondance les autres. Ils perpétuent l'esprit de Voltaire et de sa néfaste plaisanterie sur le Canada. Le caractère du Français métropolitain resterait incomplet et étriqué s'il ne sentait tout ce qui atteint profondément le citoyen français des colonies. La grande utilité de la colonisation a été précisément d'élargir la sensibilité du métropolitain, de lui faire prendre conscience de l'univers et de l'humanité dans leurs harmonies, ce qui est indispensable à constituer la supériorité d'un être et d'une race et ce sans quoi il n'arriverait pas à dominer même sa propre vie.

N'est-ce pas devoir pour le Français de la métropole de s'intéresser aux destinées et aux âmes de ceux qu'il a assujettis, tirés hors de leur génie pour les assimiler à sa civilisation ? D'autant plus qu'aujourd'hui les hommes de couleur eux-mêmes des Mascareignes ou des Antilles sont au moins aussi civilisés que les paysans de beaucoup de départements et bien plus sincèrement républicains : on peut comparer à leur avantage les journaliers des romans coloniaux aux paysans de Maupassant, de Mirbeau ou de Zola. Est-ce que la comparaison entre les races métropolitaine et coloniale ne s'impose pas constamment au lecteur du roman exotique et ne lui offre pas « un sujet de réflexion sérieuse sur nous-mêmes et sur les conditions propres de notre vie » ? La solidarité entre les races que révèle un roman exotique est ce qu'il y a de plus exaltant pour une conscience moderne. Et — s'il est vrai, dans une certaine mesure, que plus le romancier exotique a de talent, davantage il fait sentir l'extériorité et l'étrangeté de ses personnages, — il fait sentir ensemble et par une inévitable correspondance leur intimité et leur parenté avec nous : par la profondeur de l'analyse un être nous apparaît en même temps plus éloigné et plus proche de nous, comme dans un tableau de Rembrandt les lumières luisent d'autant plus que s'approfondissent les ombres. Cela s'accentue dans l'art exotique d'un Gauguin, par exemple dans l'admirable composition *D'où venons-nous, que sommes-nous, où allons-nous ?* évangile d'autant plus universel qu'il pénètre très loin et mystérieusement l'âme maorie.

Le propre de l'art — qui est avant tout intuition — est précisément de nous aider, en aiguisant notre sensibilité, à passer outre nos ignorances, nos préjugés de race pour nous initier aux grandes questions humaines des races lointaines. Des articles de revues économiques suffisent à nous signaler par leurs statistiques la portée des souffrances de ceux qui vivent près de nous et à nous y attacher ;

ils ne suffiraient pas, au contraire, à nous faire
vivre dans leur frémissante exactitude les douleurs
de ceux que nous ne voyons pas. C'est la vertu de
l'art de tendre à l'ardeur suprême la sympathie en
supprimant les distances.

De la sorte la France étend à ses dernières limites sa vocation. La destination de son génie n'est point exclusivement européenne comme se marquèrent celles d'autres nobles nations modernes, telles l'Italie de la Renaissance affrontant les Turcs et la Pologne se dressant contre les invasions asiatiques. Il lui appartient, à ce titre, de révéler à l'Europe, mieux que le rôle, la propre mission de celle-ci : la France, seul pays à la fois puissance coloniale et nation de sentiment égalitaire, se trouve à même de communiquer à la race blanche la connaissance la plus analytique des autres races du monde, la conscience de leurs droits et de ses devoirs envers elles.

Que deviendrait l'Europe, demain, sans cette conscience ?

A l'ouverture du xxᵉ siècle, situation nouvelle. Les victoires électrisantes des Américains sur les Espagnols, des Japonais sur les Russes ont démantelé son hégémonie politique et militaire. Son hégémonie morale subsiste-t-elle ? A ceux qui voyagent dans les autres parties du monde se découvre combien l'Europe perd peu à peu de son prestige, devient impopulaire. Elle ne sera bientôt plus celle qui de son âme élève la voix, de son autorité donne le ton, crainte, admirée. Non seulement en Amérique et en Australie, mais au Transvaal, au Cap, voire au Mozambique, ne domine plus l'idée de travailler exclusivement pour rentrer dans la métropole ; on jouit d'être né sur les terres neuves, on veut s'y enraciner, on met là son individualisme qui ne va pas sans mépris — certes encore bien juvénile — de l'Europe. L'Amérique lui a donné déjà la leçon, par un message présidentiel, lors du massacre barbare de Kichineff. Premier avertissement ! Comme les Irlandais du Nouveau Monde aidèrent efficacement leurs frères d'Erin, demain les six millions de Slaves qui résident aux États-Unis ne les entraîneront-ils pas à sommer la Russie de respecter sa dignité de puissance civilisée ?

En parallèle avec l'Amérique fédéralisée, en face de l'Asie réveillée. ne lui faudrait-il point prendre un sens plus précis de son individualité? Elle tient dans la solidarité nécessaire de ses peuples plus-tôt conviés à la civilisation et dont cette civilisation lia les génies divers, sinon dans une unité, dans une harmonie. Et ainsi, avant tout, pour ne pas épuiser dangereusement une part de ses forces, — qui lui seront toutes indispensables dans la grande concurrence, ou mieux plus tard dans la grande émulation, mondiale — ne devra-t-elle point libérer ses nations encore asservies?... Des États-Unis de l'Europe se constitueront-ils sous quelque forme? En tout cas, il s'offre à la France de dégager l'esprit commun qui les animera vers l'avenir, de formuler la déclaration de leurs droits.

Mieux qu'aucune autre elle a été préparée à ne point ignorer qu'une telle déclaration implique celle des devoirs ; que l'unité de l'Europe peut s'affermir et s'affirmer pour le progrès du monde, qu'elle ne saurait s'établir solidement sur une domination aristocratique des autres parties de l'univers. N'est-ce point déjà l'horreur de l'Inde affamée, des camps de concentration — jusqu'à l'étouffement — au Transvaal, qui aux libéraux des nations de l'Orient interdit de croire en l'Angleterre libérale et de servir partout sa diplomatie? La nation avec ordre et force la plus généreuse envers ses colonies sera celle que tous les opprimés de leurs vœux intrépides appelleront, de leurs actifs dévouements aideront à constituer sous son empire moral la fédération pour la défense d'un juste impérialisme européen.

Hégémonie nécessaire, car — ils s'en avisent eux-mêmes — l'Europe aura à rappeler longtemps aux lois d'équité élaborées par son expérience ses enfants des autres parties du monde, Afrikanders, Latins d'Algérie, Brésiliens, Yankees du Sud : luttant contre des sauvages sous des climats cruels, ces jeunes organismes ont développé en eux l'orgueil et les instincts despotiques que l'Europe a réussi depuis longtemps à restreindre chez elle. Mais si elle perpétuait sur certains de ses propres territoires le scandale des tyrannies insensées, comment les récentes nations persévèreraient-elles à la tenir pour la mère, pour l'exemple, comment garderait-elle son autorité ? Elle ne préservera sa valeur qu'en continuant à représenter dans le monde la plus vénérable civilisation : par là tous désignent les arts, rayonnant de l'amour et de la force réglée, la science qui multiplie la vie, le luxe des mœurs urbaines, l'idéal, le sentiment. Le sentiment, voilà la plus sûre puissance de crédit de l'Europe.

Le sentiment est l'air respirable de la civilisation ; elle a son rythme dans le progrès.

Beaucoup rient du mot de « progrès », en priant de le définir, et railleront la petite taille aimable de nos hommes politiques en face de si gigantesque travail réservé à la France. Mais pourquoi vouloir attacher ceux-ci seuls à la conquête d'un idéal ? Ne requérons d'eux qu'une solidarité avec nos écrivains et nos artistes, et de tous qu'ils procèdent spontanément, en même temps, à l'union des efforts. Certes, qu'est le progrès sinon un mouvement effectué avec harmonie, qu'est-ce qu'un chef-d'œuvre sinon l'œuvre la plus difficile que puisse parfaire un courageux ouvrier au milieu de sa confrérie ? Notre grandeur est de nous attaquer aux grandes tâches, ainsi que les compagnons du Moyen Age élevèrent dans l'Isle de France les premières cathédrales de leur foi.

TABLE DES MATIÈRES

QUATRIÈME PARTIE

Le problème national dans les lettres.

Saint-Amand (Cher). — Imprimerie BUSSIÈRE